통일된 한반도를 항해한다

통일된 한반도를 항해한다
박태우 지음

초판 인쇄 | 2013년 11월 05일
초판 발행 | 2013년 11월 10일

지은이 | 박태우
펴낸이 | 신현운
펴낸곳 | 연인M&B
기　획 | 여인화
디자인 | 이희정
마케팅 | 박한동
등　록 | 2000년 3월 7일 제2-3037호
주　소 | 143-874 서울특별시 광진구 자양로 56(자양동 680-25) 2층
전　화 | (02)455-3987　팩스 | (02)3437-5975
홈주소 | www.yeoninmb.co.kr
이메일 | yeonin7@hanmail.net

값 15,000원

ⓒ 박태우　2013 Printed in Korea

ISBN 978-89-6253-144-2 03810

이 책은 연인M&B가 저작권자와의 계약에 따라 발행한 것이므로 본사의 허락 없이는
어떠한 형태나 수단으로도 이 책의 내용을 이용하지 못합니다.
잘못된 책은 바꾸어 드립니다.

박태우

통일된 한반도를 항해한다

21세기의 길목에서 격동의 한반도를 예측하는, 박태우

박태우 지음

참지식인은 항상 새로운 세상이 온다는
믿음으로 현실을 봅니다.

연인 M&B

여는 글

　참지식인은 항상 새로운 세상이 온다는 믿음으로 현실을 봅니다. 민권이 보장되는 사회질서, 사람 사는 문제를 탐구하는 사회·정치 학자들은 항상 이 문제를 가슴에 품고 살 것입니다. 바로 이러한 전제하에서 분단된 한반도에서 이 문제를 놓고 고민하는 학자들은 더 큰 고민을 갖고 문제를 진단하고 정론(正論)을 펴야만 할 것입니다.

　지난 1996년 영국 정부의 외무성 장학생으로 영국의 헐대학(Univ. of HULL)에서 정치학 박사학위를 받은 이후, 살아온 필자의 족적을 보니, 개인적인 욕심도 명예도 있었지만, 그래도 양심에 부끄럽지 않게 현대사의 한복판에서 나름으로 소신을 갖고 당당한 자세로 국가 경영 문제에 정언(正言)을 하려고 노력한 저의 흔적들이 있음을 봅니다.

　비록 아주 미미한 성과고 보잘것없는 조그마한 소신이지만, 지금도 이러한 한 연약한 지식인의 목소리가 국정에 제대로 반영되어서 바른 나라를 만드는 일에 조금이라도 기여했으면 하는 큰 바람입니다. 그 이상도 이하도 아닙니다.

　비록 이룬 것도 적고, 잘난 것도 적지만, 지금까지 필자가 순간순간 길게 혹은 짧게 정치학자로, 외무 관료로, 국회 정책 관료로, 현실 정치인으로, 문인으로, 그리고 지식 시민운동가, 공기업 임원으로 고민한 흔적들이 15권이라는 책으로 나와 있지만, 최근의 필자의 심정을 반영하는 이 책은 더 값어치가 있을 것입니다.

그래서 때로는 긴 칼럼 형태의 장황한 언어로, 때로는 몇 자의 소박한 참여시로 얽어 낸 나의 못난 사상과 처방들이 나라를 걱정하는 모든 국민들에게 여과 없이 전달되어 동시대의 문제를 같이 고민했으면 하는 바람인 것입니다.

21세기의 길목에서 격동의 한반도를 예측하는 필자의 마음속엔 하루속히 모든 국민들이 이러한 현실을 더 잘 접하고 이해하여 한반도에서도 독일 통일 성취 이상의 업적을 내는 위대한 역사 만들기에 동참하기를 바라면서 짤막한 저의 인사말을 줄입니다. 감사합니다.

2013년 가을
저자 박태우

'밝은사회운동국제본부' 초청 제15차 로스엔젤레스 다민족 지도자 초청 한국 방문 프로그램에서 한국 정치를 주제로 영어로 특강 후 기념사진.

2013년 관훈클럽- '한국언론진흥재단 프레스 펠로십' 참가자들을 대상으로 우리 정부의 대북 정책을 영어로 특강 후 기념사진.

KBS 〈한국의 얼〉 프로그램에 '토정 이지함' 선생을 소개하는 장면.

한국수자원공사 비상임이사로 회사 경영에 이사회에서 참여하는 모습.

CONTENTS

여는 글 _ 04

제1부

대한민국이 지금 제정신입니까?

014 _ 국방 외교가 아직도 부족하다
016 _ 인연 위에 인연
018 _ 다시 찬바람인가
019 _ 이제는 대한민국의 공권력이 살아야 한다
021 _ 9월의 비
022 _ 이젠 대통령이 대국민 담화문을 발표해야 한다
026 _ 하늘과 구름
027 _ 대한민국은 대북 기초 체력을 더 튼튼히 해야 한다
032 _ 애국심
034 _ 동상이몽(同床異夢)
036 _ 왜 개성공단에 집착하나?
039 _ 동중국해 갈등조정방안회의 참석기
043 _ 무관심
045 _ 궁예가 석총을 만나다
047 _ 균형감각을 상실한 양비론
050 _ 시리아 내전, 실종된 인류의 평화 정신
052 _ 한여름의 나날들
054 _ 사형에게

063 _ 네 잎 클로버
064 _ 대한민국이 지금 제정신입니까?
067 _ 이젠 왜곡된 사관으로부터 자유로워야 한다
070 _ 막다른 골목에 서 있는 북한의 진실
073 _ 태국 수주사업은 온 국민이 축하할 미래 국부 창출의 길
076 _ 민주주의
077 _ 삼색 당쟁
079 _ 진정한 민주주의 시대는 오지 않는가?
081 _ 패망한 백제 백성들의 참혹한 시련들
084 _ 또 다른 5월

이젠 우리 모두 새로운 역사를 써야 할 때

086 _ 진짜 봄인가
087 _ 위대한 결단의 정치인 대처 전 영국 수상
090 _ 봄 강
091 _ 중국이 과연 북한을 버릴 것인가?
093 _ 대한민국에 국가의 영혼이 있는가?
095 _ 국민과 역사
096 _ 한민족이여 웅비하라
097 _ 아! 대한민국이 기로에 섰구나
101 _ 노안당에서
102 _ 분단 구조에서 토착화된 잘못된 좌우 논쟁 경계
105 _ 외로운 길
106 _ 대한민국을 폄하한 사람들
108 _ 빙강
109 _ 김정은 위원장에게
113 _ 침묵
114 _ 냉정한 현실 인식으로 5년을 가야 한다
118 _ 한파
120 _ 우리가 걷고 있는 2013년

CONTENTS

122 _ 2013
123 _ 이젠 우리 모두 새로운 역사를 써야 할 때
125 _ 오늘
126 _ 환성
127 _ 역사의 물줄기는 도도히 흐를 것이다
129 _ 또 다른 하루
130 _ 각박한 한반도 주변 상황도 선택의 중요 변수
133 _ 이때가 되면
134 _ 종북 세력들의 본질을 알아야 한다
138 _ 눈
139 _ 북 미사일 발사를 실용위성이라는 세력들

제3부
지금은 국민들의 균형 잡힌 시각이 필요할 때

144 _ 기다림
145 _ 애국 세력의 마음을 얻는 사람을 하늘이 선택한다
149 _ 11월의 어느 멋진 날에
150 _ 미숙한 현실 인식이 우리의 가장 큰 숙제
155 _ 밤길
156 _ 박근혜 후보에게 드리는 글
160 _ 가을 이슬
161 _ 급변하는 4강의 인식을 견인할 후보는?
164 _ 하늘을 향해 입을 벌린 나
165 _ 지금은 국민들의 균형 잡힌 시각이 필요할 때
167 _ 국민들이 감동받는 대선은 없는 것인가?
170 _ 민주주의 논리에 충실한 선거운동을 해야
172 _ 낙무
173 _ 노무현 전 대통령의 반국가적 발언 반드시 국정조사해야
177 _ 가을 허수아비
178 _ 안철수의 정치적 비전은 이상적인 담론

180 _ 강남 스타일
181 _ 대한민국이 출렁이고 있다
184 _ 한가위
185 _ 박근혜 후보가 문재인, 안철수에게 물어라
187 _ 착각
188 _ 2012 대선의 최종 결정 변수는 무엇인가?
191 _ 폭풍 전야
192 _ 이젠 현실성 있는 답을 해야 할 후보들
196 _ 무당춤
197 _ 박근혜 후보가 넘어야 할 역사의 산
200 _ 그리움

제4부
살신성인의 위대한 정치 지도력

202 _ 새야 새야
203 _ 일본은 도덕적으론 3류 국가
205 _ 문명
206 _ 〈각시탈〉의 독립군 정신을 배워라
208 _ 아침
209 _ 순수한 애국심을 잡아야 대통령이 된다
212 _ 저녁 비
213 _ 어렵다고 또 비켜 가는가? 더 중대한 국가 어젠다를 생각해야
219 _ 후안무치(厚顏無恥)한 일본 앞에서 분열된 한국의 자화상
222 _ 대한민국 대통령 자리는 현실주의자의 몫
225 _ 살신성인의 위대한 정치 지도력
227 _ 우리가 대통령을 왜 뽑는가?
229 _ 유럽의 고민과 바람직한 선택
232 _ 인기 영합주의의 거대한 폐해
236 _ 부실한 대통령 선출로 산적한 문제들을 풀 수 없어
238 _ 거친 풍랑 위에 선 색 바랜 대한민국호

CONTENTS

241 _ 북한의 선전선동이 대선의 주요 개입 변수
244 _ 희생
245 _ 믿음
246 _ 중국 상대로 '적극적 통일 외교' 전개해야
248 _ 대한민국은 정상적인 시스템 작동이 멈추었나?
251 _ 민주성의 본질을 훼손하는 시장만능주의도 문제
255 _ 국민 혈세를 반국가 활동에 쓸 수 있나?
258 _ 유럽연합, 더욱 정치적으로 통합해야
260 _ 신냉전 구도 속에서 다각적인 통일 외교 추진방안 모색
269 _ 중원을 날며
273 _ 만남
274 _ 북한 정권을 국제사법재판소에 제소하라
276 _ 꽃길
277 _ 역사의 혹독한 시련기를 망각하는 국민이 되서는 안 된다

주요 이력 _ 280
영문 칼럼 _ 288

제1부

대한민국이 지금 제정신입니까?

대한민국은 누가 무어라 해도 분단국가로서
굳건한 안보가 토대가 되어야
우리가 원하는 경제성장도 복지 확대도
그 궁극적인 의미를 갖게 될 것이다.

국방 외교가 아직도 부족하다

　오늘 서울에서 열린 제45차 한미연례안보회의(SCM)에서 발표된 성명 전문을 보니, 다른 것은 다 잘 되었다고 느껴지지만, 전작권(OPCON) 문제에서는 아직도 우리 정부가 요구하는 수준의 명확하고 선명한 합의가 이루어지지 않은 것 같아 걱정이 앞선다.
　특히나, 공동성명 11항을 자세히 읽어 보니, 우리 정부의 의지와 미국 정부의 의지가 절충형으로 애매하게 반영되어 있는 것 같아 이 부분을 다시 우리에게 유리하게 끌고 갈 수 있는 대대적인 국민운동과 더불어서 국방 외교의 활발한 전개가 더 요구된다는 판단이다.
　다음은 공동성명 11항이다.

　11. 양 장관은 연합전투 수행을 위한 전시작전통제권(전작권)을 전략동맹 2015에 기초하여 대한민국 합참으로 전환하는 것을 포함, 향후 수년 동안 한미동맹을 강화시켜 나가기 위한 포괄적 전략을 공동 인식하였다. 전작권 전환은 동맹의 연합방위 태세·능력을 유

지·제고시켜야 하며, 한미동맹의 국방 우선과제와 미래 발전에 기여하도록 추진되어야 한다.

양 장관은 심각해진 북한 핵·미사일 위협 등 유동적인 한반도 안보 상황에 특히 주목하면서 연례 SCM/MCM을 통해 '전략동맹 2015'의 이행을 평가하는 맥락에서 한반도 안보 상황을 주기적으로 평가·점검하기로 하였고, 이에 관해 계속 협의하기로 결정하였다. 이와 관련하여, 양 장관은 전작권 전환이 체계적으로 이행되어 연합방위 태세가 강력하고 빈틈없이 유지되도록 보장해 나가는 데 있어 조건에 기초한 전작권 전환과 '전작권 전환 검증 계획(OPCON Certification Plan)'이 중요하다는 점에 주목하였다.

헤이글 장관은 미합중국은 대한민국이 완전한 자주 방위 역량을 갖출 때까지 구체적 보완 능력을 계속 제공할 것이며, 또한 동맹이 지속되는 동안 미국 측의 지속 능력을 제공한다는 미합중국의 공약을 재확인하였다. 마찬가지로 김관진 장관은 대한민국이 연합방위 주도권을 수임하기 위해 필요한 핵심 군사 능력을 발전 및 확보해 나갈 것임을 재확인하였다. 아울러 양 장관은 전작권 전환 이후 동맹의 군사적 효율성을 극대화하기 위해 미래 연합지휘 구조를 지속적으로 보완해 나가기로 결정하였다.

필자는 이 대목이 매우 중요하기에 더욱 악화되는 북한의 불안정성을 부각시키며, 특히나 북한의 핵 능력이 완전히 제거될 때까진 전작권 전환이 연기되어야 한다는 국민적인 운동으로 이 문제점을 타개할 것을 주문한다.

2013. 10. 2

인연 위에 인연

사람들은 항상 관계를 맺고 삽니다
이런저런 인연으로
기쁘고 슬픈 관계를 맺고 살지요

인연 위에 인연이 있다 하여
이리저리 두리번거리며
머리를 돌리며 둘러보았어도
인연 위에 인연이 무엇인지
참 알 수가 없네요

다 포기하고 발길을 돌리는데
인연 위에 인연이
나를 큰 소리로 부르며
야 이놈아
저 하늘을 보고 살아라

땅과 사람만 보고 살지 말고
저 높은 위의 하늘만 보고 살아라
그러더라고요

바로 인연 위의 인연은
하늘의 소리를 듣는 인연이지요
하늘의 소리를 듣는 사람은
항상 좋은 삶을 살 수가 있네요

순수한 영혼의 소리를 들으니
좋은 삶을 살 수가 있네요.

2013. 10. 1

다시 찬바람인가

다시 찬바람인가
가을이 왔다더니
어인 소식이던가
봄이 좋다더니
여름이 좋다더니
왁자지껄 말하더니
가을이 오니
또 가을이 좋다나
산봉우리
들녘에
물감이 물들면
가을을 또 좋아해야
좋아할 수밖에
그것이 인생이요
그것이 삶인 것을.

2013. 9. 27

이제는 대한민국의 공권력이 살아야 한다

　이석기 문제는 하늘도 알고 있다. 비록 지금 사법 당국이 이석기 의원의 내란음모 혐의를 놓고 조사를 하고 있지만, 지금까지 그가 살아온 행적과 여러 상황 증거들을 놓고 볼 때, 그는 대한민국을 사랑한 사람은 아니다.
　적어도 북한의 독재 정권에 동조하면서 시대착오적인 주체사상에 동조하면서 반미의 선봉장으로 대한민국의 안보 이익을 심각하게 침해한 장본인이 어찌 국민의 세금으로 운영하는 국회에서 정치 활동을 하고 있는 것인지, 일반 상식을 가진 국민이라면 도저히 이해가 어려운 것이다.
　이번 기회에 그동안에 대한민국이 제공하는 자양분으로 일신과 가족을 부양해 오면서, 정신적인 이적 행위로 우리 사회에 독버섯처럼 기생해 온 종북 세력들에 대한 대대적인 발본색원(拔本塞源)으로 국가의 기강을 바로 세우고, 광범위하게 왜곡된 현대사관을 바로잡는 기회로 삼아야 한다. 수구적인 좌파 편향적인 사관은 반드시 바로잡아야 한다.

　박근혜 대통령이 경제와 복지에 많은 관심을 두는 것도 중요하지만, 국가의 기강을 세우고 나라의 안위를 다지는 것은 국민적인 인기와 상관없이 살신성인의 지도자가 반드시 자기 희생을 각오하더라도 이루어야 하는 일인 것이다. 다시 한 번 대통령의 준엄한 역사적 인식과 이에 기반한 공권력의 실행을 주문하는 것이다. 이는 부패의 문제보다도 100배는 중요한 나라의 토대를 세우는 작업인 것이다.

　필자도 오늘 이러한 문제를 주제로 생방송(25일 저녁 7시 30부터 교통영어방송 101.3 주파수 정치시사 영어프로 프라임타임)에 토론자로 나가 애국주의적인 관점에서 진실을 말할 것이다. 우리 국민들이 모두 정신을 차려야 하는 것이다.

　2013. 9. 25

9월의 비

부스스 내리는 9월의 빗속에서
발길들이 분주하지만
어느 누구 얼굴 하나
하늘을 응시하는 사람은 없네
우산 쓰고 땅만 보고 걸어가니
땅속이 꺼지려나 보다
세상이 이렇게 달라졌는데
아직도 종북 논쟁이라니
9월의 부스스한 비만큼이나
어설픈 한반도의 역사구나
이젠 퇴물이 되어 버린
종북 이념이라니?
어서 이 비와 함께
땅속으로 스며들어 가길
내일 가을의 태양이 솟으면
그 종북 논쟁은 보이지 않길
영원히 보이지 않길 바라는
애타는 맘으로 비를 본다.

2013. 9. 11

이젠 대통령이
대국민 담화문을 발표해야 한다

아무리 보아도 참으로 나라가 혼란스럽다. 필자는 이러한 현실을 오랜 시간 느꼈지만 지금이라도 현실로 나오니 다행이다. 그동안 수십 년 간 제대로 된 국가관(國家觀) 교육을 받지 못한 젊은 세대들은 지금의 이러한 국가 내란음모에 대해서 큰 느낌이 없이 그냥 지나는 것 같아 마음이 아프다.

자기가 탑승한 대한민국호가 구멍이 나려고 하는 순간에도 구멍을 보지 못한 무감각한 국민이라면 그 배에서 승선하면서 그 배가 파도를 만나고 태풍을 만나게 되면 어떤 행동을 취할지 자문해 본다. 멍하니 서 있을 것이다. 내일이 아닌 것처럼 그럴 것이다. 문제의 심각성을 인지하지 못하기 때문이다.

경제도 중요하고, 국민행복지수도 중요하지만 이러한 지표들을 만드는 토대인 대한민국호가 구멍이 나서 물이 들어오려고 하는데, 물이 들어오는 구멍은 방치하고 복지 타령, 민주주의 타령으로 하세월 정쟁을 일삼는 정치권이 방심한 사이 같은 배에 첩자로 승선하여 전선원들을 난파의 궁지로 몰아넣을 집단을 그냥 넘겨야 한단 말인가?

이제 대한민국 국군의 최고통수권자인 박근혜 대통령의 가장 우선순위는 이 구멍이 나려는 대한민국호를 바로잡기 위한 노력으로 종북 세력들을 철저히 색출하여 다시는 구멍을 내는 시도조차도 하지 못하도록 우리 사회를 튼튼하게 하는 일일 것이다. 바른 국가관 교육을 다시 해야 할 것이다. 종북 세력, 이적 세력들을 이 기회에 철저히 응징해야 할 것이다.

이러한 가장 기초적인 안보 토대가 안 된 상태에서 국민 화합이란 구호와 함께 복지 문제, 경제 문제만 과도하게 외친다는 것도 대통령으로서의 적절한 임무 완수가 아니라는 평가를 받을 것이다. 이제는 때가 된 것이다. 많은 고민을 하고 있을 것이다. 더 늦기 전에 이러한 세력들과 전쟁을 선포하면 대다수의 국민은 대통령을 지지하고 애국적인 흐름에 합류할 것이다.

필자와 같은 애국 시민들이 지난 2007년도 12월에 이명박 정권을 만들고 난 후, 그 정권이 중심을 잃고 시대정신을 잘못 잡고 '중도실용론'을 국정 기조로 삼을 때, 중앙선대위 부대변인으로 기여한 정권 창출의 기여자로 자리가 오지 않을 수 있다는 걱정에도 불구하고, 정면으로 이 노선의 부당함과 부적절함을 청와대에 지인을 통해 개인적인 면담으로 그리고 언론 기고(당시 인터넷 월간조선 박태우 新부국강병론에 실린 '이명박 대통령에게')로 알린 기억이 새롭다.

이러한 애국 세력들의 피나는 노력에도 불구하고 그 당시 이명박 대통령을 중심으로 한 중도실용 세력은 지금 활개 치는 종북 세력들을 더 발호하게 하는 토대를 용인하고 가장 우선적으로 하여야 할 국가의 기강(紀綱)을 세우는 일에 매우 소홀하였다. 그 당시 5백만 표 이상의 표 차이로 국민이 그를 지지한 역사적 함의(含意)도 제대로 읽지 못한 참모들을 가까이하는 청와대를 보고 스스로 분개한 기억이 새롭다. 국민들은 바로 지금 박 대통령에게 이석기 세력 같은 반국가 세력들을 철저히 발본색원(拔本塞源)하여 국가의 기강을 세우라는 준엄한 명령을 한 것이다.

그러한 시간이 흘러 2012년도 12월에 우리 애국 세력들은 또다시 일부 종북 세력들의 지지를 받던 문재인 후보의 본질(本質)을 알았기에 평상심으로 무장하고 새누리당을 중심으로 박근혜 후보를 대통령으로 당선시키는 일에 올인하였다. 필자도 대통령 후보의 대외협력특보로 중앙유세지원단 부단장으로 올인하면서 이번 정권의 성격이 향후 대한민국의 미래를 가를 것이란 걱정으로 대통령 당선에 모든 것을 다 보탰던 것이다.

박근혜 대통령은 이러한 애국 세력의 땀과 눈물, 그리고 진실(眞實)을 지금이라도 더 적극적으로 해석하고 국정 기조를 다시 정립하여 이명박 정권이 '중도실용론' 으로 실패한 5년의 국정을 절대로 답습해선 안 된다. 필자가 보기엔 지금은 대한민국이 안보 위기의 파장이이 더 커지는 매우 위험한 시기이다. 왜냐하면 북한은 정상 국가와는 매우 거리가 먼 방향으로 가야 살기 때문이다.

대한민국호를 구멍 내려는 세력들에게는 국가의 원수로 단호하게 응징한다는 담화문을 발표하고 국민적 여론을 형성하여 대한민국호가 구멍이 나지 않고 잘 항해할 수 있도록 모든 노력을 다 기울여야 할 것이다.

바로 이것이 순국선열들의 바람이요, 분단된 한반도를 사는 시대적 요청인 것이다.

2013. 9. 3

하늘과 구름

하늘은 끝이 없이
저리 널려 있지만
구름은 군데군데에
걸려 있네
구름이 쉬어 가려 애써도
기댈 곳이 없는 하늘에서
항상 둥실둥실 떠 있기에
하늘은 항상 하늘로
구름은 항상 구름으로
그렇게 존재하는 것
하늘은 하늘로
구름은 구름으로.

2013. 8. 26

대한민국은 대북 기초 체력을 더 튼튼히 해야 한다
―기초를 더 탄탄히 해야 하는 '한반도신뢰프로세스'

8.15를 보내면서 마음 한쪽이 더욱더 무거워 짐을 느낀다. 광복절 아침에 순국선열들의 아픔을 생각하면서 태극기를 만지니 그 맘이 더 무거웠다.

우리 사회가 경제적으로 양(量)적인 성장을 한 것에 비해서 정신적인 성숙도가 민주 의식과 더불어서 잘 이루어지지 않는 모습이 느껴지기 때문이다. 너나 나나 민주주의를 큰 소리로 외치면서도 정작 무거운 개개의 실천의 문제에서는 이기주의적인 삶의 패턴에서 맴도는 오늘의 현실을 정신적인 조그만 병리 현상이라고 아니할 수 있는 것인가?

민주주의는 권리 이전에 책임과 공적 윤리의 실천이 먼저인 것이다. 혹독한 자기 절제성이 없이는 성공할 수 없는 제도다. 선거한다고 민주주의는 아닌 것이다. 국민들이 착각하고 있는 것이다. 우리 국민들이 그동안 잘해 오고 우수하기에 오늘의 대한민국이 있지만, 잘못된 점은 짚어 보는 것이 순리일 것이다.

특히나, 대북 문제를 다루는 문제도, 5년마다 바뀌는 정부의 태도나 철학이 가장 근본적인 물음을 도외시하고 가시적이고 감정적인 성과 위주로 질주하는 것에 대한 우려의 맘이 크다. 단기적인 임기응변보다 기초를 더 다지는 것이 우선이기 때문이다. 필자가 보기엔 우리의 대북 기초 체력은 덩치에 비해서 아직 국민 정서상으로도 잘 정비가 안 되고, 정부도 본질적인 문제에는 취약한 구조를 보이고 있다는 생각이다.

북한이 스스로 거두고, 또 스스로의 필요에 의해서 합의된 개성공단 정상화를 위한 '7차 실무회담'의 내용을 보면, 북한을 조금만 연구한 전문가도 의아한 마음을 갖게 되는 구석이 많이 보인다. 현 정부의 공을 폄하하는 것이 아닌 돌다리도 두드리는 심정의 질문들인 것이다.

설사 북한이 이번에 합의를 하고 다시 공단을 재가동하는 것 자체만으로도 알맹이 없는 단기적인 분위기 반전은 있을 것이다. 하나 우리 정부의 핵심적인 관심 사안인 핵(核) 문제는 오히려 더 악화되고 있다. 영변의 관련 핵 시설이 확장되고 있다는 증거 사진부터 시작하여 아직도 그들은 그들이 스스로 합의한 한반도 비핵화 선언을 휴지조각으로 만들고 핵무기 소형화 및 대량생산을 위한 관련 시설 가동을 멈추지 않고 있는 것이다. 이 대목을 소홀히 하면서 대화만을 위한 대화에 메이는 것은 큰 함정을 만들 수가 있다.

분명히 개성공단 가동의 대가로 북한 정권으로 흘러가는 연간 약 9천만 달러에 이르는 돈은 이렇게 궁극적으로 대한민국의 국민들의 생명을 담보로 게임을 할 핵 개발 비용으로 흘러들어 갈 것이다. 일단 대화가 중요하니, 알면서도 국군 포로 송환 문제도 접고, 이산가족상봉이나 인도적 차원의 지원만을 늘리면서 진실성이 부족한 대화 창구라도 갖고 가려는 마음은 알지만, 이러한 처방이 남북 통일에 대한 제대로 된 통일된 여론 형성도 부재한 우리 국민들에게, 엄격하게 어떤 시각에서 무슨 긍정적인 의미가 있다는 것인가? 그저 대화하고 화합으로 가는 한반도란 구호만으로 만족할 것인가? 피상(皮相)과 본질(本質)의 문제서 본질의 문제를 더 짚어야 하는 시기라는 필자의 생각이다.

북한은 국제사회에서 더 이상 신뢰의 대상도 아니고 협상의 대상도 될 수가 없는 난파 직전의 선박과 같이 되었다. 중국의 지렛대가 겨우 난파를 막고 있고, 우리 사회 내의 종북 세력들이 정신적으로 이미 실패한 독재국가의 하수인 역할로 남한 사회의 일부 국민들에게 잘못된 북한관만 심어 주고 있을 뿐이다. 이는 미국도 중국도 다 알고 있는 사실로 한반도에 격변이 오는 데는 그리 많은 시간이 걸릴 것 같지가 않다. 우리 정부가 원칙적인 선에서 민주적인 절차를 의식 국내 종북 세력 눈치 보면서 북한의 필요를 어느 정도 의식하고 대화를 위해서 움직이고 있는 현실에는 많은 덫이 있을 것이다. 대화는 중요하지만, 북의 진실성(眞實性)이 결여된 대화는 훗날 더 큰 화근도 될 수 있음을 우리가 알아야 한다.

북한 정권이 근본적으로 개혁(改革)되기 전에는 남북 간 군사적 신뢰 구축을 위한 노력이 아무런 의미가 없음을 우리가 이미 잘 알고 있는 상황에서, 북한이 종국적으로 비핵화(denuclearization)의 길을 걸을 것이란 이상론(理想論)으로 또 '한반도신뢰프로세스'를 가동하는 과정에서, 언젠가 또다시 북한이 국지적인 군사 도발로 한반도에 위기를 조장할 시에 저 개성공단은 우리 국군의 작전을 방해하는 거대한 북한의 인계철선이 됨을 알면서 왜 그리 개성공단 정상화만 외치는지 답답하다. 정상화란 단어는 상대가 상식을 가진 구성원일 때 의미가 있기 때문이다.

더 문제는 항상 상업적인 뉴스거리를 만들려고 본질을 체계적으로 분석하고 처방을 내지는 않고 호들갑을 떨고 있는 우리의 언론들이다. 우리 정부는 아직도 공식적으로 일을 저지른 북한으로부터 천안함이나 연평도 사건에 대한 공식적인 사과를 받은 적도 없다. 김대중 정권 시절의 서해교전은 말할 것도 없고 불과 얼마 전의 도발에 대해서도 그저 무시하는 막가파식 처신을 우리 정부한테 하고 있는 것이다.

물론, 가장 아픈 부분들은 일단 접어 두고 쉽고, 다가설 수 있는 분야부터 대화하고 문제 해결을 시도한다는 의도는 좋고 타당하지만, 이러한 논리도 최소한 북한이 사회주의를 하건, 왕조 국가를 하건 간에, 최소한 일관성으로 국제사회의 규범에 의무감을 갖고 있을 시에 가능한 일일 것이다. 체제 여건상, 정권의 속성상 북한은 앞으로 이러한 나라가 될 수 없음을 모르고 하는 일이라면 더 큰 일일 것이다. 개성공단이 국제화된다는 레토릭이 현실화되는지에 대한 국민들의 이해도 매우 부족한 시점인 것이다.

아무리 보아도 남북 관계가 실질적으로 정상화되는 과정은 많은 시간뿐만 아니라, 한반도에 큰 격변으로 대체될 것이란 현실론이 더 커 보이고, 논리만으로 대화를 이야기하는 그 순간에도 계속 남남갈등(South-South Conflict)을 확대재생산하면서 우리 사회에 대한 분열(分列)을 획책하는 북한 정권을 너무 너그럽게 보는 것이 아닌지 걱정이 앞선다.

필자도 인도적 지원을 계속하는 것은 옳다는 생각이지만, 일반 국민들에게 현실을 망각하는 북한 이미지를 계속 주는 것은 가장 기본적인 통일 전략의 실패를 의미하기 때문인 것이다.

대화를 위한 계속적인 노력은, 그럼에도 불구하고, 매우 소중한 것임에는 틀림이 없지만 말이다.

2013. 8. 16

애국심

물질이 앞서는 세상에서
참 드문 종자 같은 언어

한 조간의 칼럼에서
외적 앞에서 백성 버린 임금
NLL, 북 핵 딴 목소리 정치권

예나 지금이나
애국심 없다 하는데
이리하면 안 되는데

정치 지도자가 독하게 마음먹고
애국심을 그르치고
애국심을 폄하는 세력들
그들과의 독한 전쟁을 해야
이 나라가 잘 되고
후손들이 자랑할 터인데

이 삼복더위에
애국심 논쟁을 더하니

더욱더 덥구나 더워
펄펄 끓는구나

어이하리
애국심이 이리 없다니.

2013. 8. 13

동상이몽(同床異夢)

우리 다 알면서
동상이몽하면서
같은 민족이라고
애써 같다고 한다
피부도 같고 언어도
혈도 많이 섞였지만
남과 북은 동상이몽
남은 평화통일을
북은 적화통일을
북은 핵무장 국가로
남은 비핵화로
북은 반자본주의로
남은 첨단 자본주의로
다 알면서 가지
대화 테이블에 나와서
앵무새처럼 말해도
동상이몽은 동상이몽
북은 왕조국가로
남은 민주국가로
다 알면서 가지만

대화는 대화일 뿐
역사 전개는 이리
논리로 되는 것이
아니고 또 아니지
어느 날 갑자기
새로운 역사가 오지
한반도에도 오지
어느 날 갑자기
이상하게 오지
밥도 못 먹는 곳과
밥이 넘치는 곳은
다르고 다른 곳이지
정신이 부패하면
이것도 보장 못하지만
다 무용지물일 수도.

2013. 8. 12

왜 개성공단에 집착하나?

　예측이 불가능한 북한 정부의 반응에 우리 정부는 잠시 검토하는 그런 여유도 없이 곧바로 북한의 답장을 환영한다는 자세로 14일의 회담에 응한다는 메시지를 보냈다.
　일면 이해가 가고, '한반도신뢰프로세스'를 공포한 정부의 입장을 충분히 이해하기에 남북화해협력의 상징인 개성공단을 가동하면서, 비록 신뢰성은 없지만, 북한과 대화하겠다는 의도도 충분히 감지가 된다.
　이러한 상징적인 평화적인 제스처보다 더 중요하게 짚어 보아야 할 문제가 있다. 그것은 다름 아닌 북한 땅에 관리 명목으로 체류할 우리 대한민국 국민들의 신변보장 문제인 것이다. 북한 정권이 아무리 신변을 보장한다고 해도, 과거의 경험상, 그 체제의 특징상, 앞으로의 상황 여하에 따라서 비상사태 시 그들은 북한군 강경파의 인질로 이용당할 가능성은 언제든지 있는 것이다.
　지금까지 그들이 하는 말은, 그들이 합의한 문서들은 상황이 그들에게 불리하게 변하면 전부 없던 말이요, 휴지 조각이 되었던 과거의 소중한 경험을 곱씹어 보아야 할 것이다.

북한이 지난 4월 3일 공단의 통행을 제한하고 남측으로 귀환을 허용하는 조치부터 시작하여 지금 8월 7일 제7차 실무회담 수용 의사 표현까지의 단계별 상황 전개를 보면 왜 북한이 무슨 명목으로 고민하는지에 대한 답을 얻을 수가 있을 것이다.

설사, 차기 회담에서 북한이 가동 중단 책임을 인정하고 이를 바탕으로 보다 명확한 재발 방지를 약속한다 해도, 이는 지금의 상황에서의 약속이지, 언제든지 한반도가 긴장 국면으로 접어들고 북한 정권의 체제 안정이 흔들리면 과거의 악순환을 계속 되풀이할 수 있는 것이다.

말로는 북한이 개성공단의 국제화에 대해서 긍정적인 반응을 보이지만 그 구체적인 실천 방안을 논의하고 합의하는 과정은 매우 긴 시간을 요할 것이고, 그 전에 이미 북한은 공단을 또다시 다른 방향으로 끌고 가려 할 것이 예측된다.

아직도 가동 중단의 원인을 남과 북의 공동 책임으로 돌리려는 북한의 자세를 보아도, 북한은 지금 다급한 개성공단을 통한 외화벌이 이외의 다른 것들은 임시적으로 합의할 뿐이고, 진정성이 많이 결여될 것이라는 필자의 생각이 틀리길 바란다.

체제 안정을 위협하는 남한의 사정이 많이 전파되는 그 위험성에도 다급한 경제난을 모면하려는 그 숨 가쁜 뒤 사정도 보인다.

이런 의미에서 대북전문가 이동복 선생께서 주장한 신변보장 문제를 우리 정부가 적극적으로 검토하고 북측에 제안해서 그들의 진정성을 확인하는 절차도 나쁘지는 않을 것이다.

"개성공단 지역을 북한의 '주권' 행사가 유보되는 '치외법권(治外法權)' 지역으로 선포하고 개성공단의 '운영 관리권'을 대한민국 정부 또는 정부가 조직하는 별도의 '관리 주체'에 이양(移讓)하는 데 북한이 동의해야 재개를 검토할 수 있을 것이다."는 이동복 씨의 견해가 필자에게는 매우 설득력이 있게 다가온다.

물론, 북한은 이러한 제안을 거들떠보지도 않을 것이다. 목적이 신변보장이 아니라 우리 정부로부터 더 많은 돈을 얻는 것이기 때문이다.

2013. 8. 8

동중국해 갈등조정방안회의 참석기

중화민국의 'The Prospect Foundation'이 주최하고 Center for Japan Studies, Fu Jen Catholic University가 공동으로 주관하는 'East China Sea Peace Forum'에 한국의 국제정치학자로 참석했다.

중화민국(ROC) 대북시의 Shangri-La's Far Eastern Plaza Hotel에서 8월 5일 하루 동안 열린 이 국제회의는 'Strategic Implications and Perspectives on Maritime Resources Sharing in the East China Sea', 'Prospects of Regional Maritime Security Cooperation in the East China Sea', 그리고 'Establishment of a Track II Mechanism on East China Sea Peace Initiative' 등의 세션으로 나누어 진행되었고, 마지막으로 원탁 토론장에서 종합적인 논평 및 의견 개진이 있었다.

필자도 하루 종일 회의 참석 후, Ralph Cossa(President, Pacific Forum, USA)가 좌장을 맡은 이 원탁회의에서 6분 정도 동아시아의 평화 구상에 대해서 의견을 개진하면서, '동중국해의 영토 분쟁이 해결되지 않는 근본 원인은 아직도 여전히 국제정치가 힘의 논리(power politics)에 의해서 지배되는 현실에서 벗어나고 있지 못함'을 지적하고, 이 영토 분쟁에 관련된 강국들(중국, 일본)의 진지한 접근법 모색이 앞으로 중요한 과제라고 강조했다.

그리고 정부 간 대화가 어렵다고 민간 영역에서 이 영토 문제를 논의하는 것은 실질적인 문제해결 방안에 큰 도움이 되지 않지만, 서로의 입장을 더 자세히 이해하는 중요한 기회가 될 것임을 강조하였다.

더군다나, 필자는, 중화인민공화국(PRC)과 일본의 일부 정치인들이 애국주의를 핑계로 이 센카쿠열도(다오이타오) 문제를 국내 정치에 고의적으로 이용하는 국수적인 자세를 계속 유지하고 있어서 중화민국(대만)과 같은 관련 작은 행위자가 직접적으로 이 문제를 풀기가 어려운 국제정치의 현실을 지적했다.

필자는 한국에서 유일하게 이 회의에 초청되어 국제정치 무대의 냉정함과 현실주의적인 접근법의 타당성을 강조하고, 오만과 편견의 강대국 정치가 하루빨리 종식되어야 한다는 입장을 견지하였다.

특히나, 유럽연합(EU)과 같은 동아시아공동체(East Asia Community)가 적극적으로 모색되어야 한다는 전문가들의 지적에 대해서, 과거 동아시아 지역의 역사적 아픔에 대한 심층적인 이해에 기반한 일본의 반성, 그리고 철저한 보상이 전제된 화합과 치유의 과정이 전제되지 않는 한, 앞으로도 당분간 동아시아는 아직도 냉전의 찌꺼기가 남아 있는 불행한 지역일 것이라는 의견으로 일본 정부의 전향적인 행동을 촉구했다. 최근 일본의 아베 총리 및 일부 극우 정치인이 보여 주는 언행에 대한 경계가 필요함을 역설했다.

이 회의에는 미국, 일본을 비롯한 각국의 전문가가 30여 명이 참석하여 세션과 열띤 토론으로 국제사회의 모순을 지적하고 향후 발전적인 접근법을 논하는 매우 실익이 있는 장(場)이었다는 판단이다.

특히, 국제정치학자 출신의 마잉주(馬英九) 총통은 5일 '2013 동중국해 평화 포럼'에 참석한 자리에서 "지난해 8월 5일 발표한 〈동중국해 평화 구상〉은 각국의 핵심 이익에 부합할 뿐 아니라 평화롭게 분쟁을 해결하는 방식이기 때문에 앞으로도 다른 지역에 적용할 기회가 있을 것"이라고 밝혔다.

그는 또 "양안 관계부터 동중국해 및 남중국해 분쟁까지 점차 평화와 협력의 길로 갈 수 있기를 희망한다."고 덧붙였고, 또한 "〈동중국해 평화 구상〉은 국제적으로 많은 호응을 얻었으며, 일본 역시 대만과 어업협정을 체결하고 수십 년간의 분쟁을 해결했다."면서 "대만-일본 어업협정은 일회성에 그치는 것이 아니며, 현재 어업위원회가 관련 의제를 맡아 처리하고 있다. 이 모델은 대만이 다른 의제를 처리하는데 참고가 될 것이다."라고 강조했다.

필자는 이 영토 분쟁에서 가장 약자의 위치에 있는 대만 정부의 고뇌와 창조적인 방안을 마련한 전문가들을 직접 접하면서 합리성과 정의가 승리하는 UN의 평화 정신이 국제사회에 자리를 제대로 잡으려면 앞으로 많은 시간이 소요될 것이란 생각을 하게 되었다.

8월 6일 대만의 총통 관저를 방문한 일행은 앞으로 동아시아의 평화가 미국과 중국, 일본 등과 같은 강국은 물론이고 지역의 중간 혹은 작은 행위자들이 좋은 뜻으로 인류의 보편적인 평화 정신에 기반한 방안을 마련하고 스스로 행동하는 사례가 많아지면 파급효과가 커지어 궁극적으로 큰 결실을 볼 것이라는 의견을 같이 공유했다.

6일 오후에는 필자가 지난 2005년부터 방문교수·방문학자로 있는 대만의 2대 명문대학인 대만국립정치대학의 국제대학 외교학과 대학원생들에게 '박근혜 정부의 남북 관계 전망'을 주제로 특강을 하였다.

2013. 8. 7

무관심

나라가 흔들리네요
내 집 내 가족만 보니
나라는 안 보이네요
광복절에 태극기도 잊고
그날이 무슨 날인지도
그 참의미를 모르는 채로
어떤 사람들은
그리 그날을 보냈어요
대다수는 나라 생각했지만
이석기 사태도 뭐 그런 거야
이리 방관하면서
이렇게 무관심하면
나라가 절단나지요
나라가 무너집니다
배가 부른 돼지는
배고픈 이리를 보고
저리 도망갑니다
배부른 돼지는 안 되지요
이제는 애국심으로
나서고 나서야 합니다

무엇이 두려워

사이비들을 국회로

정부직으로 보내며

이 나라를 이리

어렵게 하나요

다시 해서

다시 교육해서

이 나라 다시 세워

나가야 합니다.

2013. 8. 4

궁예가 석총을 만나다

우리의 지난 역사지만 후삼국 시대에 가장 융성한 국가 중 하나인 태봉·마진을 이끌었던 궁예라는 절대 권력자가 백성 구원의 미륵 사상으로 새로운 세상을 위한 정치를 열정적으로 하다가, 나중에 절대군주로 거듭나는 과정에서 민심(民心)과는 거리가 먼 폭군으로 변해 가는 역사를 우리가 기억한다. 그의 관심법은 절대 권력이 얼마나 부패했는지를 상징적으로 설명해 준다.

백성들은 유랑걸식하고 피골이 상접하여 고단한 삶을 살고 있으면서 초기에 궁예가 표방한 미륵 사상이 구현되는 세상이 아니 왔고 속았음을 안 것이다. 그래서 새로운 나라가 기틀이 다지기도 전에 절대 권력은 좌초되었던 것이다.

아마도 북한의 정권도 비슷한 길을 갈 것이다. 거짓과 속임으로 백성들을 통치해 온 것이 언젠가는 다 드러나기 때문이다.

바로 이때 법상종의 거두인 석총이라는 큰스님이 한 철원의 법회에 입회하여 목숨을 걸고 궁예의 실정과 궁예가 주장하던 미륵 사상의 거짓을 고하다가 궁예가 명한 철퇴를 맞고 현장에서 즉사하는 기록을 우리 모두는 알 것이다.

절대권력(絶對權力) 앞에서 직언(直言)을 하고 모든 것을 비우고 가르침대로 행하는 절대 수도자의 신앙의 깊이와 용기를 지금 21세기에 우리는 어디서 찾아야 하는가?

아직도 우리 사회는 만백성들이 물질적으로는 어느 정도 우리가 원하는 것을 이루었지만, 아직도 기존의 제도와 관행으로 노력한 만큼 얻어지지 않는 불평등한 사회라는 생각을 갖고 있는 백성들이 너무 많으며, 소위, 위정자라는 사람들이 자신의 위치에서 나라와 국민을 위해서 정치하기보다는 자신의, 파당의 이익을 위해서 정치를 하기에 거짓과 속임수가 많은 것도 사실이다.

과연 우리 사회는 석총 스님과 같은 대 구도자가 없는 것인가? 예수님이라도 대한민국 국민으로 현생하여 진짜 할 말은 하는 존경하는 어른들이 많은 사회가 되어야 하는 것 아닌가?

진실과 진리를 설파하는 큰 인물들이 많아야 이 사회가 더 건강해질 것이다.

2013. 7. 29

균형감각을 상실한 양비론

여야 간의 NLL 논란이 일반 국민들이 이해하기가 쉽지 않은 양비론적 논쟁으로 점화되고 있다. 대한민국의 정치 발전을 위해서 바람직스럽지 않은 접근법이다. 국민들이 알아야 할 문제의 본질을 비켜서 가시적인 논쟁으로 그 중요성을 희석시키면서 국민들을 어리둥절하게 하고 있는 것이다.

필자가 이해하는 이 문제의 핵심은, 전직 노무현 대통령이 NLL 관련 부적절한 발언과 처신으로 국가의 체면을 상하게 하고 안보 이익을 심하게 훼손했다는 사실과, 이러한 대통령의 부적절한 언행을 주위의 관련 핵심 참모들이 방관·동조한 것을 실정법 차원에서 규명하고, 다시는 나라의 안보를 위해서 이러한 일이 없도록 후대의 좋은 교훈으로 삼아야 한다는 것이다.

그 당시 대통령 비서실장과 남북정상회담 추진위원장을 지냈던 문재인 의원이 '정계은퇴불사론'까지 말하다가 이제 와서 논란을 끝내자는 이 현실도 대한민국 정도의 민주국가에서는 있을 수 없는 일이지만, 국가기록원에서 회담록이 없어진 것에 대해서 철저한 검찰 수사를 통한 사실 규명에 대한 국민적인 정치권의 합당한 예절을 벗어던지고, NLL 포기 발언 없었다는 재주장으로 이 사태를 덮을 수는 없는 노릇이다.

  이제는 친노 세력과 민주당이 나라를 크게 생각하는 차원에서 당파의 이익을 벗어나서 NLL 공방의 진실을 가리고 노·김 회담록의 존재 여부에 대한 진실된 입장을 말할 시점이라는 판단이다. 그리고 대통령의 부적적절한 언행에 대해서도 짚을 것은 짚어 내고 국민들에게 밝히는 것이 도리인 것이다.

  말을 바꾸는 정치인들에 대한 국민들의 준엄한 꾸짖음과 역사의 매서움이 이번 사건을 통해서 다시 세워지는 계기가 되어야 할 것이다. 한국 정치의 제2공당인 민주당은 과거 집권당으로서 이 문제에 대한 사실을 밝히고 국민에게 용서를 구할 것은 구하고 책임질 것은 지는 자세로 나아가야 앞으로도 국민의 신뢰성을 더 받는 정당이 될 것이다.

  NLL을 포기하는 발언을 한 것의 정황증거들이 사실로 드러나고 노 전 대통령 측이 회담록을 국가기록원에 넘기지 않은 것으로 드러나면 이 문제에 대해서는 반드시 국민들의 마음을 치유하는 차원에서라도 법적인 책임을 물어야 할 것이다. 이것이 역사 바로 세우기요, 대한민국 정치 발전의 초석이 될 것이다.

  집권당인 새누리당도 우왕좌왕하지 말고 확고한 역사관, 국가관에 기반하여 이 엄청난 사건들을 끝까지 밝혀내고 관련자들에게 법적 책임이 있으면 이를 끝까지 추적하여 반드시 국가의 기강을 바로 세우는 계기로 삼아야 할 것이다.

　21세기의 선진 민주주의 국가를 자처하는 대한민국의 국민이 정치인들이 그리 우습게 생각할 대상이 아니라는 것을 국가이익 수호 차원서 단호하게 보여 주어야 할 것이다. 그것이 일반 국민들이 대한민국을 사랑하는 길이다.

2013. 7. 24

시리아 내전, 실종된 인류의 평화 정신

시리아 내전이 이미 2년 4개월을 지나고 있는데도 세계 평화를 지키는 UN은 무능력을 그대로 드러내고 아무런 조치를 취하지 못하고 있다.

시리아 내전으로 사망자가 10만 명에 달하고, 난민은 180만 명, 그리고 식량 부족으로 680만 명이 기아 상태에 있지만 그 누구도 이 문제를 인류의 심각한 자신의 문제로 보기보다는 강대국 위주로 짜여진 국제정치의 판에서 자국의 이해득실(利害得失)만을 따지면서 그 많은 인명들이 계속 상하고 있는 상황에서도 근본적인 처방을 내지 못하고 있는 안타까운 시국인 것이다.

한마디로 인류의 평화 정신은 구호만 크고 외침만 난무하고 그 방지책을 마련하는 현실 노선에서는 모두가 다 벙어리가 됐다. 어찌 보면 이것이 지금 우리 인류 문명이 갖고 있는 결정적인 결함인 것이다.

우리 문명의 결정적인 결함을 치유하지 않고는 그 어떤 종교도, 이데올로기도, 그 어떤 강국도 앞으로 유사한 사태가 발생하여도 지금처럼 방치하는 과오를 되풀이할 것이다.

시리아 정부군인 시아파와 반군인 수니파 사이에 각국의 이해관계까지 얽히어 사태 해결을 더욱더 어지럽게 하고 있지만, 그 어떤 변명도 인간이 죽어 나가는 이 현실을 감히 제대로 설명할 수가 있는지 의문을 던진다.

시리아 내전 사태야말로 우리 문명의 모순과 결점을 그대로 보여주고 있는 현주소인 것이다.

하기야 우리 대한민국도 밥을 굶고 있는 북한 동포들을 바로 곁에 두고 별다른 조치를 취하지 못하고 있는 현실, 우리 스스로 어찌 못하고 있지 않은가?

2013. 7. 18

한여름의 나날들

덥고 무더운 한여름 속으로
지리한 추억들이 오네요
습기찬 기억 속으로 함께 오네요

누구누구 이름 부를 것도 없이
무더기로 조각상들처럼 다가옵니다

왜 이리 많은 얼굴들인지
다 친숙한 고운 얼굴들이지만
지리한 여름 장마에 묻히어
그 강렬한 눈빛들이 없어요

한여름의 지리한 나날들이
소중한 그 기억들마저
소낙비에 묻어 가려 하네요
홀로 힘겹게 붙들고 있어요

그 소중한 기억들이
내 가슴속에 깊이

그 자리에 항상 있도록
한여름의 나날들과
힘겨운 줄다리기를 하네요

버거운 혼자 힘으로 홀로
그 좋은 추억들을 위해
습기찬 여름 날씨들과
힘겹게 싸우고 있어요.

2013. 7. 16

사형에게

  일요일 오후 숙소에서 학교 앞의 마이콩이 있는 산을 바라보며 장개석의 영문 전기집을 읽고 있어요. 사람의 이름으로 살다가 간 수많은 역사 속의 사람들 중에서, 이름도 없이 역사의 물결에 희생되고 잊혀진 민초(民草)들을 생각하게 됩니다. 세계 무대에서 거대한 중국의 영토와 인구가 차지하는 비중을 생각하며 역사적 소용돌이가 칠 때마다 수백만 명씩 자기들의 삶과는 별 상관도 없이 조작된 이데올로기와 위정자들의 독선(獨善)에 희생된 가엾은 영혼(靈魂)들을 생각합니다. 모택동의 문화혁명 시기에는 오천만 명이나 굶어 죽었답니다. 그래서 소시민(小市民)들은 때로는 거창한 역사나 민족의 문제보다는 자신들의 삶 그리고 가족들의 행복과 안녕이 더 큰 과제로 다가옵니다.

  20세기 초반 중국 본토의 군벌들이 춘추전국시대를 연상하며 패권을 다투고 있을 시에, 오직 비축된 힘과 군사만이 자신들의 기반을 지켜 준다는 믿음으로 자신들의 세력 확장에 반대하는 세력들에게는 힘을 상징하는 칼과 협박으로 모든 공포정치를 해 왔던 우리 주위의 역사의 모습에서 지금 북한의 억압받고 고통받는 백성들을 생각해 보게 되지요. 잠시는 칼과 방패의 역사가 우리 역사를 지배하는 것 같았어도, 결국 긴 안목에서 보면 중국 역사의 승리자는 정당성과 명분을 담은 삼민주의(民族, 民權, 民生)를 주창한 손문이 대세를 이루었고, 이를 기반으로 장개석의 국민당 정부가 설 수가 있었지요.

민초들에게 피부로 다가온 탐관오리(貪官汚吏)들의 부패와 지방 관리들의 횡포 문제, 먹는 문제를 해결하지 못하고 외세의 침략을 지킬 수 없었던 국민당 정부도 결국은 '외세 배격과 전 인민의 평등화'를 주장한 모택동 노선에게 밀리게 됩니다. 이러한 모택동의 자주 민생 노선이 혁명으로 성공하여 등소평의 개혁·개방으로 이어지는 역사 전개 과정에서 오늘날의 중화인민공화국의 발전이 보이지만, 중국공산당(CCP)의 철학적 테제가 앞으로 어떻게 21세기의 지배 이데올로기와 접목이 될지 큰 숙제로 남아 있지요. 이러한 의미에서는 비록 작은 섬나라이지만 대만의 민주주의 발전이 큰 역사적 함의(implication)가 있어 보입니다. 우리가 살고 있는 작금의 21세기에도 이러한 역사의 악순환은 얼마든지 다른 형태로 혹은 똑같은 모습으로 우리 주위에 널려 있습니다. 이것이 역사의 흐름입니다.

그래서 우리는 바른 역사의 흐름을 담아낼 수 있는 바른 식견(識

見)과 경륜으로 국제 정세를 진단하고 한반도 현재진행태의 모순과 해결책을 현실적으로 낼 수 있는 능력을 소유한, 국제적 안목과 민족적 자긍심을 균형 감각 있게 갖춘 위대한 지도자가 필요한 것입니다. 개인의 문제도 마찬가지이지만, 사회 공동체의 문제는 바른 역사의식과 경륜과 능력이 없는 사람에 의해서 해결될 수는 없습니다. 오히려 문제를 더 복잡하게 만들어서 역사의 불행으로 귀결될 수도 있음입니다.

바로 오늘날 시대착오(時代錯誤)적인 가부장적 독재 권력을 억지로 유지하려는 북한의 모습에서 거짓의 논리로 권력을 일구어 오고, 혹세무민(惑世誣民)의 전술로 정권만 연장하는 위선성(僞善性)에서 바르지 못한 철학과 지도자의 오만이 낳고 있는 크나큰 한민족 역사의 불행을 우리가 묵도하고 있는 것이지요. 어떠한 우주 논리와 학문의 정당성인지는 모르지만 이러한 수구좌파의 위선성에 동조하는 우리 사회 내의 일부 세력들에게 전략·전술의 문제를 떠난 반(反)인륜성에 기반한 북한 정권의 본질에 대해서 국민들의 함의를 모아서 단호한 목소리로 물어야 합니다. 열정과 자기주장만으로 국가의 운영이 가능한 인류의 역사였다면, 오늘날 우리의 역사는 지금보다는 훨씬 발전하고 안정적이 되었을 것입니다. 민주주의의 바른 발전 측면에서 보더라도 국민의 '일반의지(general will)'를 가장 잘 제도화하는 철학을 실천하고 공공복리(公共福利)를 위해 헌신할 수 있는 지배 엘리트의 양성에서 국가의 운영의 흥망성쇠(興亡盛衰)가 달려 있다는 실험을 뼈아프게 우리 선배들이 피땀으로 이룬 국익(國益)을 상실하면서 우리가 톡톡히 치루고 있지요. 그러한 역사의 진실(眞

實)의 문제와 그리고 정권욕에 어두운 현실 정치인들의 교언영색(巧言令色)과 불성실함을 보는 깨어 있는 국민들의 아픔은 너무나 크고 깊기에 가슴이 찢어지는 것 같습니다.

아마도 그들이 간파하는 거짓과 위선의 역사는 '항상 힘을 가진 자의 논리로 전개되고 또 그 바탕 위에서 부귀영화(富貴榮華)를 누리다가 그 시대가 마감한 다음에 평가를 받았기에 자기들은 살아서의 부귀영화에 만족한다'고 소인배들의 반(反)역사적 논리를 들먹이고 있을지 모르지요. 아니면, 정말로 자신이 무지와 미숙함이 얼마나 큰 역사적 실책으로 훗날 국민들에게 큰 고통으로 다가갈지에 대한 진지한 고찰(考察)과 사색(思索)에 대한 이유를 망각한 채, 혹은 이마저도 모르는 '우물 안의 개구리'가 되어서 이렇게 어려운 시간들을 무슨 의도와 목적으로 잉태하는지 알고 있는지 궁금합니다.

오도된 권력이 자신들만의 목소리를 담는 정책을 실천해 온 과거의 역사에서 '민주주의의 결핍(democratic deficit)'을 이론적으로 그리고 지금은 현실 정치 구도 속에서 학자로서, 현실 정치인으로서 느껴 온 필자이기에, 우리 사회에 팽배한 '출세 지상주의 혹은 물질 지상주의'에 매몰된 많은 지식인 및 엘리트 집단을 보는 필자의 마음이 무겁지 않을 수 없습니다. 자신의 신념과 가치는 헌신짝처럼 팽개치더라도 대통령·장관이 되고 국회의원이 되는 출세가도(出世街道)를 가는 것이, 마치 똑똑하고 한 세상에서 제일 잘 나가는 위인처럼 착각하는 지식인 층이 많을 때 그 나라는 철학적 측면에서 정신 건강에 멍이 들고 훗날의 희망을 일구는 건전한 역사 발전의 추체 세력이 적어져서, 종국에는 후손들에게 커다란 멍에로 다가갈 것입니다.

  우리는 얼마 전에 한 장관 임명자의 파동과 그의 비굴한 처신에서 이런 교훈을 얻기도 했습니다. 자리가 높아지고 자신의 권한이 커질수록, 더욱더 역사와 국민 앞에 겸손해지고 바른 길을 가려는 스스로의 노력이 없는 사람은, 한 나라의 주도 계층이 되어서는 안 됩니다.

  국민들이 원하는 것을 분명히 알고 있으나, 자신의 소인배적인 정치적인 이득과 주위 환경의 족쇄적 구조 때문에 국민의 행복추구권을 침탈하고 건전한 국가의 발전을 가로막는 위장된 논리(論理)와 이론에 집착하는 것은, 민주를 가장한 '민주주의 결손(democratic deficit)'의 가장 큰 사례가 될 것이기 때문입니다.

  멀리서 한반도의 모습을 그려 보니, 밝은 미래에 대한 희망과 더불어서 지금 현세의 분단과 이로 인해서 빚어지는 우리 사회 내의 갈등의 모습이 너무나 생생하게 느껴집니다. 위장된 논리와 강압적 수단을 동원할 수 있는 권력은 단시간의 목적에는 충실할 수 있지만, 결국 바른 철학과 목적의식을 가진 역사의 대의명분(大義名分)에 패퇴하게 되어 있습니다. 불행한 것은, 정의(正義)가 승리하는 날까지 죄도 없는 일반 민초들이 보이지 않게 겪게 되는 물질적, 그리고 정신적 방황과 고통이 아닐까 싶습니다. 그래서 21세기의 정보통신 시대, 지식산업 시대, 지구촌 시대를 살아가는 국민들은 더 큰 눈으로 시야를 넓히고 자신과 가족의 영달도 중요하지만 더불어 살아가는 공동체의 문제에 많은 관심을 가져야 하는 것입니다. 북한 문제도 이러한 차원에서 우리 모두 더 큰 관찰과 관심으로 바른 시각으로 그들의 문제를 보고 처방을 내려야 하는 것입니다. 그러나 불행하게도 지금 대북(對北) 문제는 소수의 폐쇄적인 정책 입안자들이 국민의 동의를 구하는 절차를 생략한 자신들의 왜소한 민족 철학으로 주도하고 있기에, 오히려 장기적인 관점에서 남북 문제의 핵심을 흐리고 해결의 실마리를 멀게 하는 아주 우둔한 행진을 하고 있다는 걱정스런 단이 섭니다.

문제를 해결하는 실마리가 본질을 건드리지 않고 땜방만 하는 처방으로 인류의 역사가 승리하는 것을 본 적이 없기 때문입니다. 아무리 민주주의가 국민들의 표를 먹고 살아가는 현실적으로 불완전한 제도라 할지라도 때로는 역사적 혜안을 가진 깊은 경륜과 지혜의 소유자들에게서 의견을 구하고 현실적인 처방을 내야 하는 것입니다. 이러한 측면에서 보면 지금 대한민국에 대통령을 하겠다는 많은 지도자가 있고 앞으로도 나오겠지만, 당장 눈앞에 있는 자신들의 정치적인 이득을 위해서 역사적 왜곡(歪曲)과 민의의 왜곡이 눈앞에서 이루어지는 데에도 침묵하고 소리를 취하지 않는 못된 관행을 보게 됩니다. 그 좋은 예가 한미동맹의 근간인 한미연합사를 지탱해 주는 '전시작전통제권문제'에 대한 대권 주자들의 침묵과 그리고 이를 저지하기 위한 행동의 부재라는 생각입니다.

민주주의를 하고 있는 대한민국의 철학적 깊이를 이 정도의 눈높이에 맞추어야 하는 역사적 불행이 있는 것이고, 이를 깨닫지 못하고 일부 정치인들의 선전선동에 속수무책(束手無策)으로 국운을 결정하는 중요한 문제의 의사결정 과정에서 소외되고 있는 국민들이 침묵하고 있는 것입니다. 이제 우리는 더 큰 목적의식을 새롭게 세운 바탕 위에서 민족적 자긍심을 일으키고, 대외적으로는 보편적인 인류의 문제를 간파하고 지구촌 위의 편견과 가난을 몰아내고 보편적인 지구촌 사회를 건설해 나가려는 양심 세력들과 연대하여, '정신적으로 아름답고 물질적으로 풍요로는 사회의 건설'을 위해서, 누가 알아주던 알아주지 않던 온 힘을 합쳐야 할 것입니다. 역사(歷史)가 나를 알아주지 않고, 국민들이 그리고 지인들이 알아주지 않는다고 그들을 욕하고 탓하지 말고, 역사 속에서 거짓과 위선이 짧은 시간 숨 쉬다가 패망한 사실들을 직시하고, 오직 진실(眞實)과 용기(勇氣)로써 이 민족과 나라의 정의로운 선진 통일을 이루는 과정에서 곳곳에 팽배한 유무형의 관념적 억압과 탄압의 쇠사슬을 분쇄하는 역사적 대장정(long march)을 열어 가야 합니다.

한 나라나, 개인이나 큰 뜻을 이루고 역사를 주도하는 지도자가 된다는 것은, 그만한 희생과 노력을 요합니다. 요행히, 운과 시대적 상황으로 해서 얻은 권력이나 출세 길은 후세의 사가들에 의해서 기록되지 않습니다. 그래서 더 큰 공명정대(公明正大)한 영광과 인류 사회의 발전을 위해서 오늘 조금 희생되고 힘이 들어도 바른 소리를 내고, 혼돈 속에서 방황하는 국민들을 일깨워서 공동체의 문제, 그리고 인류의 문제에도 한 구성원으로서 최소한의 책임과 의무를 다하라는 요구를 할 수 있는 당당한 사회 구성원이 되어야 합니다. 간신배(姦臣)와 소인배들이 온갖 권모술수(權謀術數)와 교언영색(巧言令色)으로 자신들의 영달을 위한 정치를 하고 있을 때에, 온몸을 던져서 이를 저지하고 국민들의 부름을 일구어 낼 수 있는 당당한 대의명분(大義名分)의 정치인이 되어야 합니다. 이러한 역사적인 일을 하는 성스러운 작업은 수상개화(樹上開花)의 정신으로 일구고 또 일구어 내야 합니다.

 국민들은 비록 그 존재를 잘 모르고, 혹은 시류에 영합하는 세력들로부터 무시당하고 업신여기는 시간이 있어도 그의 철학이 바르고 그의 민족과 국민에 대한 사랑이 한없이 강하고 깊을수록, 그러한 아픔과 고통의 시간은 더욱더 값어치 있는 모습으로 인류를 위해서 쓰일 수 있는 보석을 만들어 내는 약이 될 것입니다. 한 시인(詩人)의 말대로, 누구나 예뻐하고 아끼는, 좋은 향을 내는 꽃이 되는 작업은 부단한 노력과 아픔의 골짜기를 지나오지 않은 사람에게는 오지 않을 것입니다. 이제 다시는 인류의 역사에 만인의 만인에 대한 투쟁을 전제로 한 동물 군상과 같은, 물욕(物慾)과 이기적인 탐욕(貪慾)으로 자신만의 권력과 명예를 위해서 권력을 행사해서, 더 많은 국민들에게 불행과 고통을 주어 온 부끄러운 역사들이 없어져야 할 것입니다. 지금도 지구촌 곳곳에서 벌어지고 있는 갈등과 대립의 정치경제 문화 구조, 그리고 같은 인간의 이름으로 지구촌 반대편에서 일어나고 있는 기아와 폭력 그리고 인권유린의 현장을 보고서 아파하지 않은 문명인들이 많다면, 또다시 우리 역사가 반복한 어두운 수렁의 역사를 다시 쓰지 말라는 법이 어디 있습니까?

 요즈음 CNN을 많은 시간 듣고 있노라면, 지구촌 뉴스의 70%가 중동전과 알카이다를 중심으로 한 테러전 이야기로 도배하고 있는 슬픈 우리들의 모습을 보게 됩니다. 우리 모두 정신을 바짝 차리고 우선 우리 사회 주변의 문제, 민족의 문제, 그리고 그 문제 해결 이후, 지구촌의 문제로 눈을 돌리고 바른 철학과 바른 처방으로 우리 사회의 혼돈을 일소하고 더불어 살아가는 진정한 민주 사회, 국민들이 자신들의 목소리를 정당하게 반영할 수 있는, 편견(偏見)과 오만(傲慢)의 지도자들이 발을 붙이지 못하게 하는, 물욕과 권력욕, 명예욕에만 사로잡혀서 국민들에게 봉사를 할 수 없는 위인들이 하루빨리 자각하고 스스로 물러남으로써, 위대한 역사의 교훈을 존중하고 아끼는 사회 건설을 꿈꾸어 봅시다. 이것이 시대를 앞서가는 지식인과 선각자들의 신성한 의무인 것입니다.

*이 글은 필자가 대만국립정치대학 외교학과에 방문교수로 한국 정치를 강의하던 시절인 2006년 8월에 쓴 글이다.

네 잎 클로버

네가 행운이라기에 항상 뒤를 쫓지만
두리번두리번 그 넓은 풀밭 어디서도
그 어딘가에도 보이지 않네
내일 또 찾아가겠지만
좀 보여야 할 터인데
그 희망의 끈을 놓으면
남겨진 많은 삶을 어이하나
어떻게든 찾아내어
그 강하고 귀한 희망의 끈을
내 책상머리에 묶어야 할 터인데
오늘 그 네 잎을 보지 못해도
내일은 꼭 찾아야지
꼭 찾아서 희망의 끈으로
동동 엮어서 잡아 놓아야지
내 책상머리에 놓아야지
그래야 사는 것이야
빛이 바랜 희망이라도
묶고 사는 것이야.

2013. 7. 10

대한민국이 지금 제정신입니까?

　최근 2007년도 노무현·김정일 정상회담 대화록 공개를 놓고 벌어지고 있는 대한민국 정치판의 모습이 일단은 대단히 위험한 수순의 말장난으로 흐르고 있어 그 문제의 본질(本質)을 흐리는 정치인들에 대한 분개한 마음이 우선 먼저 드는 것이 사실이다.
　북한 정권은 핵(核)을 절대 선(善)으로 받아들이고 더 확대재생산하려는 노력을 더 경주하고 있고, 대한민국은 국가의 이익에 대한 본질은 도외시한 채, 본질을 비켜 가는 일부 정파의 말장난으로 남남갈등의 파장만 더 커지고 있기에 이 논쟁의 본질을 어느 정도 들여다보고 있는 필자와 같은 사람에겐 위험한 시국이라 느껴진다.
　특히나, 노무현 대통령 스스로가 북한을 안심시키기 위해서 전작권 환수와 한미연합사 해체를 추진했다는 발언, 한반도 유사시를 대비한 한미작전계획 5029를 없애 버렸음을 자랑한 사실, 세상에 자주적인 나라는 북측 공화국밖에 없다는 노무현 대통령의 발언 등은 NLL 정도보다 더 중요성을 갖는 어록으로 온 국민의 지탄을 받아 마땅한 것이다.

  이러한 과거 한 국가 정상의 이적(利敵)적인 망언을 보고도 분노하지 않고 무관심한 국민은 다음에 안보 문제가 터지고 나라에 큰 변고가 있을 시 누구도 탓하지 못하고 지금 이러한 엄청난 분노 앞에서도 방관하는 방관자로 있었음을 후회하게 될 것이다. 지난 번 정보가 왜곡, 잘못된 쇠고기 사태로 광화문을 다 덮었던 인파가 모였던 것을 생각하면, 지금은 쇠고기 문제보다는 훨씬 더 중요한 국가적 이슈인 것이다.

  지금 이 순간에도 일부 위선적인 거짓의 정치 세력들은 그 중요도와 본질에서 매우 폭과 깊이가 다른 국정원 국정조사 이슈로 물타기를 하면서 이 엄청난 국가 훼손 행위들을 국민들에게 숨기려고 이상한 논리들을 만들고 있는 것이다. 손바닥으로 하늘을 가릴 수는 없을 것이다. 이 문제도 시간이 지나서 이리 밝혀지는 것이 세상의 순리다. 종북 노선으로 대한민국을 폄하한 세력들의 정체가 머지않아 다 공개될 것이다. 이것이 역사의 순리(順理)인 것이다.

  지난 노무현 정권 5년 동안 바로 이러한 본질을 알았던 필자는 괴로운 마음으로 글을 쓰고 애국운동을 했지만, 그 누가 그때의 절박한 심정을 알았단 말인가?

  대한민국은 누가 무어라 해도 분단국가로서 굳건한 안보가 토대가 되어야 우리가 원하는 경제성장도 복지 확대도 그 궁극적인 의미를 갖게 될 것이다.

  대통령의 격(格)과 국가의 체면이 떨어졌던 것은 고사하고, 주적 개념의 폐지, 전시작전통제권 환수, 미2사단 후방 배치, 작계 5029의 폐지 등을 자랑스럽게 군사상의 적의 우두머리 앞에서 언급한 그의 태도와 경거망동(輕擧妄動)은 더 이상 입에 담지 못할 수준의 이적 행위가 아니고 무엇이란 말인가?

아마도 우리 역사에 바로 이러한 위장 노선으로 무능하고 편견에 사로잡힌 지도자가 더 득세하고 계속해서 그 추종 세력들이 이 땅에서 정치인으로 입지하고 세력을 키워 간다면 누가 이 나라의 정통성과 적통성을 더 지킬 수 있는지 의심해 볼 일이다.

지금 전문이 공개되어 반미종북 대통령의 아주 일탈된 모습이 우리 후대에게 잘못된 대통령의 사례연구로써 좋은 역사적 반면교사가 되어야 할 것이다. 어떻게 한 나라의 원수이자 국군통수권자가 임기 5년 내내 국제 무대에서 군사상 적국인 북한 입장을 변호해 왔다는 주장으로 아부를 하고 미국을 연일 비난하는 발언으로 아직도 교전상태에서 벗어나지 못한 적국의 독재자에게 실체가 없는 한반도 평화 운운하며 아부를 한 것인지 도저히 정상적인 사고로는 받아들일 수 없는 것이다.

노무현 대통령의 추종 세력들은 이러한 역사적 책임 앞에서 반성하고 국민에게 진심으로 사과를 하고 국가의 이익을 침해한 부분에 대해서는 책임을 지는 모습을 보여야 마땅하다. 억지 논리로, 피상으로 본질을 왜곡, 방어하고 잘못을 회피하는 자세는 과연 대한민국이 그들에게 어떤 존재인지를 다시 생각해 보는 계기만 국민들에게 줄 것이다.

2013. 6. 26

이젠 왜곡된 사관으로부터 자유로워야 한다

내일이면 정전 60주년이 되고, 6.25전쟁 발발 63주년이 된다. 왜곡된 사관(史觀)으로부터 자유로워야 할 젊은 세대들이 아직도 6.25가 왜, 누구에 의해서 일어났고, 그 엄청난 피해에 대한 정확한 인식이 없다는 것은 참으로 통탄할 일이다.

바로 이러한 6.25라는 비극의 연장선상에서 지금 정치권에서 NLL 공방이 이어지고 있고 상식(常識)과 국익(國益)과는 거리가 먼 방향으로 이 문제를 정쟁의 대상으로 삼고 있는 일부 정파에 대한 건전한 상식을 가진 국민들의 분노(忿怒)가 있음도 사실이다.

숨기지 말고 명명백백(明明白白)히 공개하고 그 진실을 따지고 난 후 책임질 사람들은 책임지고 이 시대의 역사적 소임(所任)을 다하면 되는 것이다.

사실 우리나라는 6.25가 갖고 있는 엄청난 부정적 역사적 의미와 그 부정적 파장(波長)에 대해서 매우 미흡한 인식을 하고 있다는 생각이다. 지금도 끝나지 않은 이 민족 간의 내전의 연장선상에서 대한민국의 정치 발전의 일면이 크게 발목을 잡히고 더 높은 단계로 나아가고 있지 못한 현실을 우리는 알아야 한다.

자기 나라 역사에 대한 부정확한 인식과 바르지 못한 역사관 국가관을 가진 사람들이 나라의 곳곳에 우중주의(populist)적인 형식으로 민주주의 논리로 등용되고 그대로 이 사회의 아픈 열매를 나누어 먹는 것도 민주주의라기보다는 우중주의(populism)의 커다란 폐습이란 생각을 떨치기가 어렵다.

지금도 이러한 연장선상에서 북한이 제기한 북 핵(核) 문제, 평화협정 체결 문제 등이 진실과 객관성(客觀性)보다는 특정 정파의 이익을 위해서 왜곡되고 부정확한 방법으로 인용되는 현실에서 우리 국민들은 분노(忿怒)해야 하고 이를 바로잡으려는 대대적인 역사운동, 국민운동을 전개해야 할 것이다.

아직도 북한 정권은 6.25를 미국이 일으켰다고 주장하고 있고 북핵의 존재 근거를 미국에게 돌리는 모순을 계속 확대재생산하면서 남남갈등의 굴곡(屈曲)을 더 키우고 있다.

북한 당국이 이야기하는 논리는 정당한 논리가 아니라 억지 수준이고, 한민족의 정통성(legitimacy)과 합리성(rationality)을 김정은 독재 정권의 생존을 위해서 마구잡이로 왜곡하고 훼손하는 국제사회에서의 일탈(逸脫)의 모습 그 이상도 아닌 것이다.

한 언론의 논설도 주장하고 있지만, 북한의 대외 선전용 웹사이트인 '우리민족끼리'는 "미국의 침략이 없었다면 한반도는 평화지대가 된 지 오랬을 것이며 비핵화 문제는 상정조차 되지 않았을 것이다."라는 억지 주장을 하고 있다. 바로 이러한 억지 주장에 동조하는 국내의 일부 세력들의 역사관(歷史觀)과 국가관(國家觀)을 문제 삼지 않을 수가 없는 것이다.

 우리 사회 내의 젊은이들이 이러한 거짓 주장과 모순을 극복하는 길은 평소 제대로 된 역사교육과 국가관 정립에 대한 정부와 국민들의 지대한 관심을 배가하는 일일 것이다.
 필자는 이런 차원에서도 지난 학기 수업 중에 Bruce Cumings가 집필한 'The Korea War'에 대한 일독을 권하고 북리뷰를 통해서 수정주의(revisionism) 사관에 기반한 이 책의 논리의 허점에 대해서 학생들과 토론도 하였다.
 국방부가 아무리 국방비를 늘리고 무기를 현대화해도, 이렇게 정신적인 측면에서 구멍이 난 일부 젊은 세대들을 그냥 방치하면서 안보 튼튼을 외치는 것은 어불성설(語不成說)이요 언어도단(言語道斷)이 될 것이다. 우리 모두가 왜곡된 사관을 수정하려는 노력을 대대적인 국민운동으로 전개해야 할 것이다. 정부의 배가된 노력과 대책을 촉구한다.

 2013. 6. 24

막다른 골목에 서 있는 북한의 진실

　이제는 우리가 아는 우화 '양치기 소년' 처럼 되어 버린 북한 체제의 국제사회에서의 공신력은 다시 회복하기 힘이 들 정도로 추락하고 있다. 억지 논리와 주장으로 백성을 속이고 국제사회와 남한을 속이는 것도 이제는 그 밑천이 다 되어, 조금만 객관적으로 상황을 성찰할 수 있는 사람들에겐 북한 독재 체제의 비정상성(abnormality)이 나날이 더 커지고 있는 것이다.
　우리와의 대화를 그저 눈속임으로 마무리하고 다시 미국에게 대화 제의를 하는 그들은 순수한 의미의 민족 공조를 악용하는 그저 인류의 보편적인 정신에 반기를 들고 있는 한 독재 세력일 뿐이다.
　체제 유지의 마지막 보루인 북한의 주민들에 대한 엄격한 통제와 주체 이데올로기 주입 노선, 핵 개발에 대한 광신적인 믿음, 그리고 대한민국 내에 산발적으로 북한의 노선에 동조하는 종북 세력들의 응원으로 힘겹게 체제를 유지하며 역사적 흐름에 역행하는 그 체제가 얼마나 더 버틸지가 북한을 잘 아는 전문가들의 가장 큰 연구 과제로 대두되고 있는 것이다.

 국제 외교 관례상, 그리고 상대방에 대한 예의 차원서 언어를 자제하고 애써 돌려 말하려고 해도 북한 체제의 속성이 갖고 있는 그 비정상성이 줄기는커녕 점점 더 커지는 모습에서 대한민국의 책임과 준비성이 더 크게 요구되는 것이다.
 이제는 평범한 말장난 수준의 레토릭으로 그 곪은 상처를 가리기도 어려울 정도로 국제사회의 보편적인 상식과 양심이 고통받는 북한 인민들에 대한 더 큰 관심으로 옮겨 가는 이 대세를 우리가 무시할 수 없는 것이다.
 아무리 자본주의의 문제점과 모순이 크다 할지라도, 지금 북한 정권이 애써 유지하려는 체제보다는 그 우월성 측면에서 비교도 안 되게 크기에 그 도도한 역사의 흐름 앞에 북한 정권은 점점 더 힘과 활기를 잃어 가면서 내부의 굶주리는 백성들에게 더 큰 고통과 절망만 줄 것이다.

 그래서 우리 모두 잘 해야 한다는 것이다. 정부 당국자나 국민 모두가 정신을 더 차리고 북한 관련 왜곡되고 피상적인 논의를 중지하고 본질과 내면의 문제를 놓고 곧 닥칠 수 있는 한반도의 위기를 진단하고 심각하게 어떤 희생과 대책으로 극복할 것인지를 대통령부터 팔을 걷어 부치고 준비하지 않는다면, 우리는 또다시 위기를 기회로 활용하지 못하는 매우 무능한 국민들이 될 수도 있음이다. 만약 이렇다면 역사는 우리 민족에게 또다시 큰 시련을 줄 것이다.
 이제는 단순한 언어의 재배열에서 벗어나는 좀 더 긴장감이 묻어나고 책임감이 배어 있는 정책과 국민적 공감대의 마련이 매우 소중한 과제다. 두루뭉술한 언어의 재포장으로 곪고 있는 진실을 가릴 수는 없기 때문이다. 더 정신을 차리고 본질(substance)로 가야 한다.

2013. 6. 17

태국 수주사업은 온 국민이 축하할 미래 국부 창출의 길

　대한민국은 반도국가로, 그것도 분단국가로 불리한 지형에서 부존자원이 적고 국내시장의 한계성으로 인해 많은 제약 요인들이 있었지만, 인재 육성으로 오늘의 경제성장을 일군 점을 감안하면, 해외에서 큰 공사를 따내는 것이 국부 창출의 가장 큰 밑거름이라는 사실을 그 누구도 부인하지 못할 것이다.

　이러한 의미에서 태국의 짜오프라야강 치수관리 프로젝트 총 11조 5천억 규모의 공사 중 56%에 해당하는 6조 2천억의 공사를 수주하는 최종협상 대상자(preferred bidder)로 선정된 것은 우리 정부와 한국수자원공사가 매우 큰 일을 한 것으로 볼 수 있다. 물론 이 일은 지난 이명박 정부 시절 한국수자원공사(K-water)가 주도하면서 국토부의 후원 아래 국내의 대형 건설사들과 합작으로 지혜를 모아 추진하는 과정에서 꾸준히 박근혜 정부에서도 보이지 않는 지원외교 활동을 한 것이 큰 밑거름이 되었음은 물론이다. 그동안 정상외교·실무자 간은 물론 꾸준한 정부 간 혹은 민간인들까지 지원 활동을 하면서 얻어진 쾌거인 것이다.

   필자도 과거 외교통상부 통상교섭본부 재직 시절 터득한 국제협력 업무와 통상 업무의 경험을 수자원공사의 해외사업본부에 꾸준히 이야기하면서 이 사업의 성공을 위해서 나름의 노력을 하며 동남아 인맥을 동원한 지원 활동을 통해 한국 정부의 절실한 바람을 전달하는 과정을 거치면서 결과적으로 많은 액수를 수주하는 단계가 되니 기쁜 마음이 매우 크다.

   세상일을 크게 추진하다 보면, 큰 면에서는 좋은데 가끔 옥에 티 같은 조그만 문제점이 발견될 수도 있지만, 이 해외사업 수주는 정말로 대한민국의 공기업이나 대기업들이 앞으로 국부 창출을 위해서 살 길이 어디에 있는가를 보여 주는 매우 좋은 사례로 자리매김할 것이다. 앞으로 1,000조 시장에 다다르는 세계 물시장의 성장 규모를 감안하여 정부와 모든 국민들이 국가의 전략적 국부 창출의 포인트로 삼고 좋은 점을 더욱더 부각시키고 부족한 점은 채워 주는 단합과 격려가 더 중요한 시점이다.

   필자도 이 사업의 수주 현황 파악과 측면 지원을 위해서 태국을 올해만 지난 4, 5월에 두 차례나 다니면서 동남아 지역에서 커진 대한민국의 위상과 우리 물 산업에 대한 현시 관리들의 신뢰성을 확인하고 자긍심을 갖고 그들을 설득했다. 관련 인사들에게 한국에서 그 사업을 많이 맡으면 그 어느 국가보다도 잘할 수 있음을 꾸준히 이야기해 왔다.

   이러한 측면에서 최종협상 대상자로 발표가 된 것은 국가를 위해서 매우 큰 다행인 것이다. 현지 방문 시 동남아사업단 직원들이 현지에서 고생하는 모습을 보면서 우리 대한민국의 가능성을 다시 느꼈으며, 태국의 왕립수로청(RID)을 공식적으로 방문하여 관련 담당자들과 회의를 하면서 한국수자원공사의 기술적 우수성과 탁월한 사업추진력을 홍보한 기억이 새롭다.

지난 5월 태국의 치앙마이에서 개최된 '제2차 아태지역물정상회담(Asia-Pacific Water Summit)' 시에는 우리 공사가 주관하는 한 세션에서 좌장(moderator)을, 다른 세션에서는 패널(panelist)로 역할을 맡으면서 우리 물 산업기술 관련 관리능력과 수로 건설, 댐 건설 및 운영 관련 토목사업 운영기술의 우수성을 현지의 관련 전문가들에게 알리는 일에 최선을 다해서 지금 더 보람을 느끼는 것이다.

앞으로 대한민국이 한 단계 더 업그레이드되는 선진부국이 되는 길 중의 주요 축 중의 하나가, 적극적인 해외시장 개척에 있음을 누구나 알고 있는 바, 이번 쾌거를 바탕으로, 해외사업이 다소 힘들고 어려운 길이지만, 국내에만 안주하지 말고 국내의 많은 공기업들이 가능성이 무한한 해외시장을 개척하고 큰 일거리를 만드는 일을 선도함으로써 긍정적이고 미래지향적인 사업 전략으로 다시 무장하는 계기가 되었으면 한다. 국내에서는 포화 상태가 된 시장 가능성을 앞으로는 해외에서 열어야 하기 때문이다.

2013. 6. 12

민주주의

세상 사람들은 입만 열면 민주 민주 하지만
정작 현실은 비민주가 더 많고
편견과 이기심의 세상 문화가 더 많다
민주의 참민주는 제대로 된 세상인데
관념론만으로는 이루어지지도 않고
관념과 현실이 잘 조화하여 만들어진다
참민주는 국민 개개인의 주권이 보장되고
물질적인 기본권이 누구에게나 보장되는
정신적으로 아름다우면서도
물질적으로 풍요로운 참세상이다
지금의 민주주의는 참으로 가는 과정이지만
방향성을 상실하면 현상에서 더 못 가고
영원한 참민주주의는 어려울 수도 있다
개개국가와 개개인이 다 자유롭고
풍요와 다양성이 만나는 세상에서는
지금과 같은 갈등과 증오도 줄어들고
만개하는 봄꽃 같은 신사회가 올 것이다.

2013. 6. 5

삼색 당쟁

오호라
임진왜란 전엔 동인 서인으로
파당으로 나라 말아먹더니
병자호란에도 여전히 노론 소론 남인 북인이라
구한말 일제가 나라를 집어삼키어도
당쟁으로 지새던 못된 위정자들
해방 후 6.25 전후엔 또 이념 타령이라
항상 국익은 후순위로
파당의 이익만을 앞세운 세력들
가까스로 남쪽만이라도
이제 숨 좀 쉬며 팔 좀 펴려는데
세계사에 족적 좀 남기려는데
웬 또 빛이 바랜 평화 논쟁이더냐
남북으로 갈라진 지금 이 순간
세계사의 조류는 한쪽으로 가는데
또 누가 이를 역류하려
헛된 거짓 논쟁을 하던고
이제는 사색 당쟁이 아니고
삼색 당쟁이던고
이색 당쟁이던고

이러나저러나 진리는 하나인데
이러나저러나 국익이 우선이지
다들 지 편견 다 내려놓고
대한민국이 잘 되기만 빌어도
어렵고 또 어려운 분단국인데
정신 차리고 차려야지
웬 빛이 바랜 종북 세력들인고
대한민국이 얼마나 위대한데
평화 논리를 빙자로
호국영령들을 욕되게 말아야지
대한민국을 폄하였으면
반성하고 사죄하고
죗값을 치러야지
또 무슨 되지도 않는 소린가
아이고 이 사람들아
대한민국이 울고 있지
이러면 안 되지
갈 길은 하나인데.

2013. 6. 27

진정한 민주주의 시대는 오지 않는가?

　필자가 항상 필자의 수업을 듣는 많은 학생들에게 강조하는 것은 진정한 민주주의 시대가 언제 올 것인가라는 것이다. 과거의 중세와 비교해 보면 민권(民權)이 많이 향상되고 많은 역사의 진보(進步)가 좋은 방향으로 이루어져 왔지만 아직도 인권(人權)과 부(富)의 사각지대에서 신음하는 지구촌민이 너무나 많기 때문이다.
　하루에 식량 부족으로 5만 9천 명이 아사(餓死)하는 현실 속에서 인권을 이야기하면 젊은이들에게 어떤 감정을 줄까도 걱정이다. 강대국들이 유엔을 중심으로 세계평화와 살기 좋은 지구촌(Global Village)을 외치면서도 점점 더 악화된 시리아 내전 사태를 힘을 합쳐 해결하지 못하고, 지금까지 희생된 8만 명의 죽음 앞에서도 강대국들이 서로의 주판알만 만지면서 인간의 죽음을 남의 일이라 그냥 넘기는 이 지구촌 문명의 한계(限界)성에도 많은 의문을 가질 것이다.
　진정한 민주주의 시대는 좋은 철학적 기반을 이루고 물질적으로 인권을 보장받을 수 있는 풍요로움을 더해서 인간이 인간답게 살 수 있는 정치제도가 현실적으로 굳건히 토착화되어서 상술한 지구촌의 문제들이 없는 인간(人間) 중심(中心)의 사람이 사는 세상을 말할 것이다. 그러나 먹는 식량, 물의 문제도 해결 못하는 제3세계권의 개도빈국들의 실상을 보면 절망하는 마음이 더 큰 것도 사실이다.

이러한 차원에서 한계성이 이미 많이 노정된 지금의 현대문명에서 새로운 변혁으로 상기한 문제점들을 근본적으로 치유할 수 있는 신문명(新文明)의 창출에 우리 모두 매진해야 할 것이다.

이러한 진정한 민주주의 시대의 도래는 지나친 효율성(efficiency)만 강조하는 자본주의가 잉태한 물질적인 풍요로움만으로도 안 되고, 평등에 기반한 사회주의적인 가치관만으로도 되지 않는 매우 어려운 난제(難題)인 것이다.

이런저런 정치체제 하에서 선거를 정기적으로 치르고 투표에 참여하는 것으로는 진정한 민주주의 완성의 수준에서 10%도 안 되는 것으로 진정한 민주주의 시대의 도래를 위해서는 새로운 의식, 제도가 필요한 것이다. 깨인 세계의 시민들이 공세적인 연대 활동(Solidarity Movement)을 통해서 이러한 새 시대의 도래에 장애 요인이 되는 것들을 잘 식별하고, 전 지구적인 시민운동으로 하나하나 해결해 나가는 기나긴 역사의 터널을 지나야 할 것이다. 바로 그때 우리는 민주주의를 제대로 할 수 있을 것이다. 진정한 국민주권의 시대는 그때에 올 것이다.

2013. 5. 23

패망한 백제 백성들의 참혹한 시련들

요즘 주말 사극 중 필자의 흥미를 끄는 KBS의 〈대왕의 꿈〉이라는 사극이 우리나라의 현 정국에 주는 시사점이 매우 커 보인다. 김춘추와 소정방의 '나당연합군'이 백제를 멸망시키고 사비성에서 패망한 백제의 백성들이 당군에 의해서 도륙되는 끔찍한 장면을 보면서 부적절한 정치적 리더십(incapable political leadership)이 가져올 수 있는 부정적인 파장(波長)이 결국에는 일반 국민들에게 가장 클 수가 있음을 간접적으로 회상하는 계기가 되는 장면이 있었다.

서기 660년에 소정방과 김유신이 이끄는 나당연합군은 사치와 향락으로 충신(忠臣)을 멀리하고 간신(姦臣)을 가까이하다가 국론 분열의 틈새(cleavage)를 더 키우고 결국 나라를 패망의 길로 몰아간 의자왕을 항복시키고 약육강식(弱肉强食)의 논리로 백제의 백성들이 도륙되고 약탈당하는 불운의 백제 패망을 기록한다.

아직 백제가 부강하고 외적을 맞아 싸울 여력이 있었을 때 의자왕이 성충, 윤충, 도총과 같은 충신들의 말에 귀를 기울이고, 감언이설(甘言利說)로 국론 분열에 앞장선 간신들을 멀리만 했어도 찬란한 백제 문화가 그처럼 무참하게 당군과 신라군의 군화발에 난도질당하는 비운을 막을 수가 있었을 것이다.

백제 의자왕이 공식적으로 몰락한 이후, 당군을 이끌던 소정방은 의자왕을 비롯한 백제의 왕족, 왕자들을 포함, 가장 백제 문화를 잘 일군 장인들을 중심으로 전리품을 짜서 1만 2천 명이나 당나라로 압송하는 아주 비극적인 역사를 기록한다.

결정적인 국운(國運)이 결정되는 시기에 이처럼 잘못된 정치 지도자의 편견(偏見)과 무능력은 언제든지 일반 백성들의 참혹한 시련(試鍊)으로 연결될 수 있다는 아주 소중한 교훈을 우리가 되새기는 우리 삼국 역사의 한 장면인 것이다. 능력과 함량이 부족한 인사들을 국가의 중요한 요직에 등용하는 실수도 보이지 않는 큰 국가적 불행을 잉태하는 여러 요인 중의 하나가 될 수 있음이다.

아무리 시대 상황이 달라지고 문명의 이기가 극성을 부려도 인간사의 기본 원리(原理)는 변하는 것이 아니다. 필자는 아마도 북한의 백성들이 지금 당하는 저 큰 고통도 잘못된 정치 지도자를 만난 불운이요, 또한 이를 시정할 수 있는 자생력이 결여된 북한 주민들의 미미한 정신력이 저런 잘못된 상황을 방치하고 있는 것이다.

북한보다는 경제적으로 아주 잘 살고 괄목할 만한 민주주의를 하고 있는 대한민국 사회도 지금 전개되고 있는 한반도 주변의 내우외환(內憂外患)의 강도를 고려할 때, 여야(與野)를 망라하는 단합된 정치 지도력의 중요성을 더 느껴야 할 것이다. 이처럼 중요한 시기에 북 핵과 통일 문제를 놓고 분열과 대립을 일삼는 죄악을 스스로 깨우치고 하루속히 시정해야 할 것이다. 백제를 망하게 한 그 간신들과 무엇이 다르단 말인가?

지금도 혹시나 권력자 주변에 감언이설(甘言利說)로 진실(眞實)을 가리고 큰 역사 창조의 동력(動力)을 만드는 제대로 된 인재 등용의 길을 더 트고 건의해야 하는 인사들이 폐쇄적이고 이기적인 인사 운영으로 크나큰 역사 창조의 길목에 서 있는 대통령을 적절하게 잘 보좌하고 있는지 국민들은 항상 경계하고 점검해야 할 것이다. 이처럼 중요한 시기에는 제대로 된 국정 운영만이 먼 훗날 국민들을 고생시키지 않는 토대(土臺)가 될 것이기 때문이다.

2013. 5. 6

또 다른 5월

또 한 해가 갔네요
작년의 5월과 금년의 5월
무엇이 그리 다른지
다른 소리들이 사방에서 들리네요

깊은 산속으로 들어가면
새소리 물소리는 변함이 없지만
사람들이 만든 인공 도시와
문명이 일궈 낸 속세 판에는
사뭇 다른 소리들이 들리네요

희망과 소망의 소리인지
귀를 바짝 기울이고 있지만
아직 확신이 안 서지요
이 또한 5월이라는 생각 외엔
달리 새롭지도 않네요
다른 소리는 다른 소린데.

2013. 5. 2

제2부

이젠 우리 모두
새로운 역사를 써야 할 때

이젠 역사의 한 장(場)이 지나가면서 새로운 역사의 장을 맞이하고 있다.
각자의 위치에서 진정으로 나 자신과 나라를 위하는 길이 무엇인지를 놓고
심각하게 고민하고 능력과 여건이 허락하는 범위 내에서
적절히 국정(國政)에 참여하여 당선자의 대국민과의 약속을
현실화하는 작업에 동참해야 할 것이다.

진짜 봄인가

만물은 봄을 가져왔지만
인류 문명은 봄을 가져오지 못했네
저 보스턴에서 시리아에서
저 북한에서 저 이란에서 이라크에서
봄은 아직 먼 소식이네
학교 교정에는 꽃이 만발하고
봄기운으로 평화를 보지만
아직 저 음습한 세상이 널리고
인간들의 이중적인 인격 속에는
어둠과 밝음의 중간지대서
신음하는 타인들을 보면서
우리들의 봄만을 즐기는
이 문명으로는 이 한계로는
진정한 봄이 왔다 할 수 있나
봄은 오지 않은 것이라.

2013. 4. 17

위대한 결단의 정치인 대처 전 영국 수상

이른 새벽부터 국제 방송들은 전 영국 총리 마카렛 대처의 죽음을 보도하고 있었다. 그렇지 않아도 필자는 얼마 전에 그의 전기를 다룬 영화를 본 후 그녀의 정치적 결단력을 보면서 정치의 본질에 대해서 좀 더 깊게 사색하는 기회를 가진 적이 있었다.

지금 북한과 안보 시소게임을 벌이는 대한민국이 처한 현실을 보니, 그러한 결단을 갖춘 대한민국의 대통령이 이러한 난국을 타개할 것이라는 기대로 현 박근혜 대통령이 결단을 내릴 시에는 과감하게 내리는 신념과 소신의 대통령이 되길 기대한다.

참모들로부터 많은 말을 듣고 조언을 얻는 것도 중요하지만 국정철학의 큰 방향을 정하고 정권을 만든 초심으로 돌아가 잘못된 포퓰리즘을 뛰어넘어 결단을 내려야 할 시 큰 결단을 내리는 소신의 정치 리더십이 지금처럼 꼬인 난국을 돌파하는 답이 될 수도 있는 것이다.

1925년 출생하여 1979년 영국 최초의 여성 총리가 되기까지 그녀는 도전과 역경을 친구로 여기고 크나큰 정치적 업적을 남긴 영국의 위대한 자산이 되었다. 1950년 최연소 여성 후보로 총선에 출마한 후 낙선, 이후 1959년 보수당의 하원의원으로 당선되기까지 많은 역경을 잘 이기며 그녀의 정치철학을 영국병을 치유하는 위대한 작업에 잘 녹여내어 마침내 아르헨티나와의 포클랜드 전쟁을 승리로 이끈 위대한 영국을 재현하는 신념의 지도자였다.

  필자가 영국에서 박사과정을 할 시(1993~1996)에도 그녀의 정치적 자산은 매우 크고 깊어서 그녀를 존경하던 영국의 많은 젊은이들을 볼 수가 있었다.

  필자가 여기서 하나 정치학자로 정치인으로 영국을 부러워한 대목은, 이러한 정치적인 인물을 길러 내고 키워 내는 영국 풀뿌리민주주의의 건전성과 정치 발전의 선진성이 우리가 배워야 할 중요한 부분이었다. 우리는 지금도 사색 당쟁과 금권 정치의 폐해로 좋은 정치 자원들의 좋은 뜻들이 다 사장되고 있다.

  지난 대선 과정에서 필자는 나름으로 나라의 운명을 생각하면서, 지금처럼 내우외환(內憂外患)의 한반도를 예상하면서 한국에도 대처와 같은 원칙과 신념의 지도자가 필요하다는 일념으로 지금 박근혜 대통령의 당선을 위해서 나름의 많은 노력을 했던 것이다.

  대영제국의 총리로 11년 반 동안 재임하였고 최초의 여성 보수당수, 첫 여성 총리 등의 기록을 갖고서 잘못된 국가의 노선을 추종하는 세력들과는 단호히 타협을 거부하고 법질서의 테두리 내에서 엄정하게 법을 집행하면서 권위 있는 공권력을 세우고, 정의가 승리하는 영국 민주주의를 위해 헌신한 그녀의 일생을 돌아보면서 박근혜 대통령도 성공한 대통령으로 대한민국을 반석 위에 우뚝 세웠으면 하는 바람인 것이다.

특히나, 1984년 전국광부노조 총파업에 맞서 원칙을 지키면서 끝내 항복을 받아 낸 것과 IRA 옥중 단식투쟁에서 10명이 아사해도 냉정하게 대처하면서 국정의 기조를 유지한 대목은 지금 대한민국이 어려운 상황에서도 반대한민국을 외치면서 종북 노선을 확장하는 남남갈등의 주요 원인들에 대해서 박근혜 대통령이 어떤 일을 해야 하는지를 잘 보여 주는 대목이란 생각이다.

2013. 4. 9

봄 강

봄 강이 비에 날린다
그리 맑지 않은 한강의 물결 위로
봄기운을 담은 봄 강이 달린다
어디로 가는 것인가
저 서해로 흘러 북쪽 장산곶으로 가나
저 서해로 흘러 남쪽 군산만으로 흘러가나
서울에서 담은 이 봄기운이
다 떨어지기 전에
어서 그곳으로 가서 봄을 전해야 하는데
서울 도심의 봄이 어찌 보이나 전해야 하는데
봄비에 흐느끼는 소리가 애처러워
차마 저 물결들이 잠잠하구나
빨리 흘러가야 할 터인데.

2013. 4. 2

중국이 과연 북한을 버릴 것인가?

　수주 전에 북중(北中) 관계를 논하는 한 영문칼럼(Will China abandon North Korea, by Michael Green)을 접하면서 과거와는 달리 틈새가 벌어지는 북중 관계를 느끼고, 또 경험적으로 분석하는 많은 흐름에서 한반도 주변 정세가 예사롭지 않음을 감지한다. 지금 내가 진행 중인 고려대 국제대학원의 영강 국제 외교안보 특강(Special Lectures on International Peace and Security) 강좌에서도 이 문제를 놓고 집중적으로 학생들과 토론을 하고 분석을 해 보지만, 분석과 추측 이상의 확실한 결론은 어렵다.
　전 세계에서 온 교환학생들의 비율이 70%에 달하는 내 수업의 성격상 세계 각국의 많은 의견을 접하는 토론의 장이 있어서 이 문제를 심도 있게 토론해 보지만, 그 누구도 섣부른 결론은 매우 어려운 것이다. 오늘 오전 수업에서도 이 문제를 놓고 토론을 했지만, 많은 학생들이 수구적인 북경의 친북한 노선이 계속될 것이란 의견이 매우 우세했다.

결국 중국도 새로운 시대 상황에 맞게 전환기를 준비 중이지만, 북한은 과거의 패러다임에 젖어 한 발자국도 전향적으로 가질 못하고 독재 체제 유지 논리에 모든 것을 다 소진하는 수구적인 모습에서 같은 동포로서 서글픈 마음을 금할 길이 없는 것이다. 분명한 것은 중국은 서서히 변하고 있다는 사실이고 그 변화의 속도가 매우 느리고 음밀해서 우리가 많이 느끼지는 못하지만, 북중 관계는 지금 새로운 차원으로 진화 중이라는 사실 앞에서 우리 대한민국의 선택과 전략이 매우 중요한 함의(含意)를 갖는다고 생각한다. 며칠 전에 도착한 시진핑의 박근혜 대통령에게 보낸 친서가 이를 말하고 있고, 지난 번 국제 무대에서 보여 준 중국의 UN 안보리 2094 결의안 찬성에서도 이러한 변화는 서서히 읽혀지는 것이다.

국제정치 무대에서 가정은 가정이지만 국제정치 패러다임이 변하면서 중국의 국익을 확보하는 전략과 관점도 유기적으로 변하고 있기에 북중 관계의 핵심적인 바로미터들도 수시로 바뀌고 있는 현실을 직시하고 우리 모두 한미동맹의 공고화 속에서 대중 노선의 공고화를 어디서 어떻게 찾아야 할 것인지 입체적인 차원의 연구와 대책 마련이 매우 시급한 과제로 다가오고 있는 것이다. 중국은 향후 10년 이상 경제성장의 지속을 가장 큰 국가적 이익으로 간주하고 북한 문제도 계속 다룰 것이다. 여기에서 대한민국의 가치도 계속 커지고 있는 현실이다.

2013. 3. 27

대한민국에 국가의 영혼이 있는가?

최근 국가적 중대 사태를 겪으면서 우리가 보이고 있는 반응은 방향성이 다소 상실된 무감각과 무기력이라는 단어로 요약될 수가 있을 것이다. 대한민국 국가의 영혼이 제대로 작동한다면 지금은 누가 보아도 비상시국이요 국운을 건 안보를 위해 바른 국민의식을 모으고 국민운동을 일으켜, 노골적으로 우리를 협박하는 북한에 대해서 단호한 응징의 자세를 갖추는 일이다.

아직도 우리 사회 일각에서는 실체가 결여된 한반도 평화 운운하면서 북한 편을 드는 얼치기 종북 민족주의 세력들이 우리 국가의 영혼을 팔면서 북한 정권에 아부하고, 이 땅의 젊은 영혼들에게 잘못된 가치관을 심어 주며 국민들을 이간질시키면서 대한민국의 국가 이익을 아주 심각하게 훼손시키고 있다.

바른 영혼이 살아 있고 민주주의의 참의미를 잘 실천키 위해서는 지금과 같이 북한의 계속되는 협박과 공갈, 지난 60년간 420,000번의 정전협정 위반 사례를 보면서, 또 무관심으로, 수동적인 자세로 오판하는 북한 정권의 오기를 살려 주어서는 안 될 것이다.

이러한 차원에서 새로 출범한 박근혜 정부는, 과거와는 다른 좀 더 구체적이고 명확한 대북한 대책을 우방들과 협의 후 내놓고 국민들과 더불어서 난맥상처럼 더 얽히고 있는 한반도의 비핵화 문제를 더 실질적으로 다루어야 할 것이다. 세상일에는 다 때가 있는 법인데, 이와 같은 위기를 국면 전환으로 잘 이용하지 못하고 무기력하게 방치하는 정권은 크나큰 역사적인 죄를 짓는 일이 될 것이다.

자의적인 핵무장론도 중국과 미국을 효과적으로 압박하는 좋은 협상의 카드는 될 것이지만, 현실적인 한미동맹 체제를 갖고 가는 한 매우 어려운 선택일 것이다. 이에 버금가는 대대적인 북한 성토 한반도 비핵화를 위한 국민운동이 대대적으로 일어나야 국가의 영혼이 살아 있다 할 것이다.

새로 취임한 박 대통령의 확고한 안보 의지와 애국심은 분명히 과거의 애매모호한 대통령들의 태도와 달리, 구체적으로 국민들의 마음을 움직이고 새로운 대북 전략을 만드는 커다란 에너지로 성장할 것이다. 이제는 우리 모두 소모적인 사색 당쟁적인 정파 위주의 정쟁을 중지하고 가히 안보가 위태로운 지금, 여야를 떠나 모두가 국민적인 힘을 모으고 북 핵을 중심으로 한 새로운 대응책을 구체적으로 내놓아야 할 것이다.

적어도 우리 사회서 새로운 정치를 하겠단 사람이 이러한 문제를 등한시하고 '뜬 구름 잡는 민주주의론으로 젊은 영혼들을 현혹' 하면서 이처럼 중차대한 현실에 침묵한다면, 그 또한 이 나라의 정치를 잘못된 방향으로 끌고 가는 사람이 될 것이다.

2013. 3. 13

국민과 역사

역사는 국민을 필요로 하지요
국민은 바른 역사를 만들어야 합니다
때론 역사가 국민을 외면하고
국민이 역사를 외면합니다
책무를 소홀히 하면
일체 침탈 6.25와 같은 비극을 만들지요
한반도의 위기 상황인 지금
역사는 국민을 부르고
국민은 역사를 만들어야 합니다
자유 통일의 역사를 만들어야 하지요
또다시 무관심과 편견으로
한반도를 신냉전 구도로 이끌지 말아야지요
국민 정치 시대에 국민이 나서야 합니다
국민이 역사를 만들고
역사가 바른 국민을 불러야
새로운 통일의 역사가 만들어집니다.

2013. 3. 2

한민족이여 웅비하라
―박근혜 정부의 출범을 축하하며

배달의 혼을 담은
한민족이여 웅비하라
분단을 넘어 세계로
갈등을 넘어 화합으로
큰 민족의 혼을 펼 한민족이여
한 시대가 가고 새 시대가 오면
역사가 부르는 소리를 들으며
또다시 다음 세대를 바라본다
한민족이여 웅비하라
더 좋은 세상을 만들어
우리 민족을 단합케 하고
이 고단한 분단을 극복하여
더 큰 세계로 나아갈지어다
한민족이여 웅비하라
더 크게 웅비할지어다
새로운 민족의 기상으로
더 크게 웅비할지어다.

2013. 2. 25

아! 대한민국이 기로에 섰구나

드디어 필자가 엊그제 글로써 예상한 그 순간이 오고야 말았다. 북한의 3차 핵실험 보도를 CNN으로부터 듣는 순간, 과연 대한민국의 NPT의 회원국으로, 한미원자력협정 체결 당사국으로 앞으로 무슨 일들을 해야 하는지 눈앞이 캄캄해지는 느낌이다.

우방도, 주변국도 우리의 안보를 책임질 수 없다는 엄청난 깨달음을 오늘 다시 얻은 것이다. 아직도 평화와 진보 운운하면서 북(北)을 두둔하는 세력들이 이 땅에 있다는 그들은 명명백백히 반대한민국 세력들이다.

북한의 독재 정권은 수순대로 3차 핵실험을 감행하였고, 이제 한반도의 군사적인 균형추는 형편없이 파괴된 것이다. 이제는 그야말로 한미연합사가 핵(核)인 한미동맹이라는 우산만 걷어지면 한국의 안보는 세계에서 가장 빈국이요, 인권탄압 독재국인 북한의 손에서 좌지우지될 것이다.

참으로 끔찍한 깨달음이요, 그동안에 한반도 평화 운운하며 북한으로 건너간 엄청난 지원이 이러한 결론이라면, 과거의 정부, 앞으로의 정부는 더 정신을 차리고 반성하는 수준을 넘어서 새로운 안보 정책 수립에 박차를 가해야 할 것이다. 정신적인 안보가 이렇게 붕괴된 우리 사회의 단면이 고쳐지지 않으면 우리라는 앞으로 매우 어려운 역사적 시련기를 다시 맞이할 수 있다는 공포감마저 드는 것이다.

필자가 지난 2009년 '이명박 정부의 중도실용론'이 왜 위험한지를 불이익을 감내하며 쓴 이유를 그 글을 아는 사람들은 다시 한 번 되새기길 바란다.

아무리 경제적으로 우수한 기반을 갖고 있어도, 나라를 지키려는 호국 정신이 없으면 그 나라는 중심이 없는 매우 허약한 국가가 되는 것이다. 아직도 이 나라는 착각과 혼돈의 정체성 논란에서 벗어나질 못하고 있으며, 지난 시간을 보니 이 나라의 주요 고위 외교안보 보직에서 상당수는 한반도에서 이념의 시대가 갔다는 허황된 담론들을 이야기하며 방관하는 많은 인사들이 득세하면서 북한이 핵 개발을 하는 동안 대한민국의 안보 이익을 스스로 해체하고 홀대해 온 것이다. 지난 대선에서 드러난 이분법적인 투표 결과가 이를 잘 보여주고 있다.

스스로 자신들의 안보를 해체하는 대한민국이 되어서는 안 되지 않는가? 이렇게 북한이 소형 우라늄탄 핵실험에 성공하는 와중에서도 북한과의 대화 타령이고, 평화와 진보 운운하면서 나라의 안보 이익을 지키려는 우국지사들을 극우(極右)라고 폄하하고 종북주의자들은 진보평화주의자들이라고 계속 미화할 것인가? 진정한 대화

다운 대화를 위한 개념 정립을 다시 한 번 과감히 할 때가 된 것이다.

필자가 보기엔 이 땅의 많은 지식인들, 언론인들은 지금 과거와는 다른 차원에서 더 정신을 차리고 이 만큼 잘 살게 해 주고, 우리 가족들을 호강시켜 주고, 이 땅의 국민으로 외국에서 대접받는 건국 이래 가장 축복받은 현실에 더 감사하는 마음으로, 이제는 용기를 갖고 진실을 말하고 제대로 된 담론으로 경계심을 우리 사회에 주어야 할 것이다. 이 나라의 후일을 위해서 자신들의 애국심을 더 배양하는 고행(苦行)으로 이 땅에서 우리 사회의 신화를 허물려는 북한과 이에 동조하는 세력들과 싸워야 하지 않는가?

이러한 상황에서도 또 과거와 같은 사상으로, 과거와 같은 안일한 자세로 안보를 도외시하고 민족과 화해 협력, 복지만을 앞세우며 북한에 무감각하면 대한민국의 미래는 정신을 덜 차린 바로 우리 국민들 스스로가 더 어둡게 만들 수 있는 개연성만 더 커지는 것이다.

이제는 우리가 정말로 정신을 차리고 우리의 소중한 터전인 자유 대한민국을 지키고 불순한 세력들과의 전쟁을 선포하고 우리가 이룩한 번영, 이 성공 신화를 지켜야 할 것이다.

이러한 비상 상황에서 또 며칠 언론이 떠들고 언제 이런 일 있었느냐고, 잊어버리면서 또 과거의 퇴행들을 반복하면 누가 이 땅에 더 큰 축복을 줄 수가 있단 말인가?

이젠 우리가 삭감된 국방 예산도 더 늘려야 하고, 18개월 군 복무 축소 공약도 당분간 유보하고 무너진 국민들의 안보 정신을 함양하는 일에 매진해야 한다.

최고지도자가 앞장서서 한미연합사의 해체 시점을 북한의 핵 문제가 해결되는 시점까지는 최대한 유보토록 비상선언을 하고, 국민들은 광화문 거리에서 나라의 허약한 안보를 걱정하는 궐기대회를 열어서 이 나라의 정신이 살아 있음을 보이는 것이야말로 우리 후손들에게 통일된 부국강병 국가를 물려주는 지름길일 것이다.

　미국산 쇠고기 문제로는 그리도 흥분하던 국민이 이렇게 나라의 목숨이 걸린 문제에는 침묵하는 나라라면, 앞으로 위기가 와도 그 누구도 무서워하지 않고 경제적으로만 부유한 살찐 돼지처럼 아주 우습게 볼 것이다. 정신이 부패한 국민으로 볼 것이다.

　만약, 이런 형태로 계속 우리가 북에 계속 끌려 다니고 우리 스스로 우상의 족쇄를 차고 남북대화만 외치는 형국이 계속된다면, 정말로 우리 스스로 핵으로 무장하고 북 핵을 맞대응하면서 힘으로 해체시키는 마지막 카드를 꺼내지 말아야 하는 법이 있는지 되물을 일이다.

　2013. 2. 12

노안당에서

운현궁을 돌아보니
역사의 아픔이 묻어나네
명성황후의 비극이
아직도 묻어나는 시간
대원이대감 목소리
생생히도 묻어나니
애국하는 마음이야
차이가 있으랴
그 구국의 함성을
홀로 들으며
노안당을 거닐으니
마음은 왜 이리 벅찬지
그 애국심을 먹으니
숨조차 가쁘구나.

2013. 2. 12

분단 구조에서 토착화된
잘못된 좌우 논쟁 경계
―일부 우파가 좌파를 손보겠다는 논리의 비약

  2월 5일에 조간신문을 보았다가 한 보수 언론에 실린 칼럼을 읽고 필자가 아는 상식과는 대치되는 글이라는 생각과, 자칫 일반 국민들이 이러한 논조를 사실로 알고 그대로 상념화하면 안 된다는 강박관념에서 한 지식인으로 글을 쓴다.

  조선일보 정우상 논설위원이 2월 5일자로 쓴 '홍위병의 추억, 그리고 유혹' 이라는 오피니언 '태평로' 란의 글은 노무현 정부 때의 노사모, 그리고 이명박 정부의 선진국민연대, 그리고 박 당선인 주변의 일부 우파를 동일하게 취급하면서 홍위병 노릇의 위험성을 경계하고 있다.

  그의 글 중에는, "이번 대선이 우파의 승리로 끝나면서 우파 일부가 대선 기간 전투를 벌였던 반대 진영 인사들을 손보겠다고 나섰다."는 주장을 하고 있다. 같은 연장선상에서 홍위병론으로 일부 우파라는 사람들을 박 당선인이 경계해야 할 세력이라고 정의하고 있는 것이다. 일반적인 관점에서 홍위병론의 위험성은 공감하지만 노사모와 애국 세력의 본질을 흐려서는 안 된다는 생각이다.

필자의 생각으론, 우선 노사모의 본질과 이명박 정권의 선진국민연대의 본질은 근본적으로 다른 것이고, 더군다나 박근혜 당선인을 만들기 위해서 애국 세력들이 뭉쳐 우리 사회 내에서 반대한민국적인 언동(言動)을 해 오던 일부 세력들의 오류(誤謬)를 지적한 것을 노사모와 같은 홍위병 세력으로 정의하는 것이 매우 큰 오류(誤謬)라는 생각이다.

그동안 우리 사회는 진정한 진보(進步)와 좌파(左派) 세력의 본질에 대한 파악을 언론들이 게을리한 덕택에 좌파와 진보로 위장한 이념적으로도 매우 편향된 종북 세력들을 마치 평화를 옹호하는 진보와 좌파 세력으로 인식하고 이러한 연장선상에서 애국 세력들의 충정 어린 활동들을 그들과의 대척점에서 하나의 동일한 흐름으로 평가하고 인식하는 오류를 가졌던 것이다.

국민들의 사태 파악의 본질을 외면하는 무관심과 무감각은 일부의 잘못된 선전선동 논조들의 포로가 되어서 남남갈등의 한 요인으로 자리잡고 있는 현실을 보아야 한다. 우리 정치문화의 가장 큰 폐해인 것이다.

우리 사회에서 진정한 애국 세력이 결코 일부 우파라는 말로 매도되지 말고, 대한민국의 헌법 정신, 건국 정신을 지켜 온 이 세력들이 대한민국 경제 기적의 토대라는 사실을 바로 보아야 하고, 이러한 맥락에서, 우리 사회 남남갈등의 실체를 똑똑히 보고, 지금 남남갈등으로 형성된, 대한민국의 건국 정신을 옹호하는 친대한민국 세력과 대한민국의 위대한 성취의 역사를 부정하고 기회주의가 승리한 잘못된 역사라는 억지 논리를 앞세워, 종북적인 언행으로 사회 균열의 토대를 이루는 진보와 좌파로 둔갑된 모순 구조도 잘 보아야 한다.

　대한민국은 애국 세력을 근간으로 해서 발전하여 왔고 앞으로도 이러한 세력들의 전폭적인 지지와 성원이 없이는 박근혜 정부가 바로 된 정책을 실행하기가 어려울 것이다.

　자칫 잘못하면 북한의 상투적인 주장에 동조하는 반대한민국 세력들과 헌법 정신을 옹호하는 애국 세력을 동등한 선상의 대척점에 놓고 우리 사회 문제점의 본질(本質)을 흐릴 수 있기에, 책임 있는 언론으로 이 문제점을 잘 지적하고 공론의 장(場)에서 다시 한 번 다루어 주길 바란다.

　천안함 폭침의 배후를 북한이 아니라 주장하고, 제주 해군기지 건설의 장점보다는 문제점만 확대하고, 주한 미군 철수, 한미연합사 해체, 국가보안법 폐지, 평화협정 체결 등을 상투적인 언어로 북한의 주장에 동조하면서, 우리 사회 내에 똬리를 틀고 있는 일부 반대한민국 세력들을 순수한 의미의 좌파라고 잘못 정의하는 폐해가 얼마나 큰 것인지, 이 사회에서 영향력이 큰 공공언론들이 더 문제의식을 갖고 알았으면 하는 바람이다. 국민들의 건전한 판단력을 저해해서는 안 되는 것이다.

　2012. 2. 8

외로운 길

나무, 바람 소리
새소리와 거니는 길
흙내음새 지나가면
다시 하늘을 우러르고
윤동주의 서시를
깊은 참회의 심정으로
되새기며
홀로 걸어가는 길.

2013. 1. 29

대한민국을 폄하한 사람들

　지난 해 대선 정국에서 2007년도 노무현 대통령이 북한의 김정일을 만나서 NLL 관련 나눈 대화 내용을 놓고 정치권이 격론을 벌일 시에 느꼈던 큰 국민적인 놀라움과 충격이 가기도 전에, 2013년 월간조선 2월호는 〈노무현 전 대통령이 김정일을 만난 자리에서 나눈 대화록 요약본(2009년 국가정보원 작성)〉을 공개하였기에 그 내용을 자세히 읽어 보면 충격을 금할 길이 없어 보인다.

　필자가 보기엔, 이 문제의 중요성은 피상적으로 국민들이 느끼는 것보다 훨씬 더 크고 중요할 뿐만 아니라, 앞으로 우리의 가장 큰 현안(懸案)인 통일 문제, 그리고 당장의 정치 개혁 문제 등을 다루어 나가는 과정에서 이러한 문제에 대한 정확하고 근본적인 문제인식이 없이 '수박 겉핥기식'으로 행하는 국가 정책은 결국 절름발이처럼 부분적이고 미완적인 처방일 것이라는 큰 걱정이 앞서기 때문이다.

　대한민국의 헌법 정신과 건국 정신을 부정하는 것은, 순수한 의미에서 진보나 평화 개념과는 아무런 상관이 없는, 불순한 의도나 목적을 가진 지나친 민족 감정이나 이상론에 기댄 허구적인 반국가적인 접근법이 될 수 있기에, 진보(進步)와 평화(平和) 세력이라 스스로 자평하면서 종북 노선을 노골적으로 임기 내 추구하다가 자살한 노 전 대통령의 과오(過誤)를 앞으로 대한민국의 국익(國益)을 수호하는 차원에서 한 번 더 차분하게 보아야 할 것이다.

국제정치에 대한 인식이 부족했던 고 노무현 대통령이 우리 자유민주 체제의 가장 큰 안전장치였던 한미동맹의 핵인 주한 미군을 폄하하는 발언과 이에 기반한 전작권 전환 추진 노력 등이 얼마나 잘못된 역사관, 국제 정세 인식에서 출발한 것인가를 국민들이 제대로 안다면 아주 화가 많이 날 것이란 생각도 든다.

우리가 북한을 인도적으로 돕고 전향적인 통일 방안 마련으로 미래를 준비하는 것과, 군최고통수권자가 권좌에서 국민들의 일방적인 정서와는 별개로 통치행위라는 이유로 실정법을 무시하면서까지 굳이 북한 독재 체제를 두둔하고 비위가 상할 정도의 종북적인 언행(言行)을 해야 했는가에 대한 객관적인 고찰(考察)을 통하여, 다시는 우리 사회 내에서 진보나 평화를 가장하여 종북 활동을 하면서 대한민국의 국익을 해치는 일이 있어서는 안 될 것이라는 국민적인 경각심을 가져야 할 것이다.

2013. 1. 23

빙강

추위가 무섭군요
얼음 옷을 입었으니
그것도 모자라
다시 그 위에
하얀 눈털옷을 입었으니
빙강도 사람도
추위가 무섭군요.

2013. 1. 17

김정은 위원장에게

북한이란 국가의 최고지도자로 어떤 인생관, 정치관을 갖고 2013년을 보낼지 많이 궁금하군요?

어찌 보면 향후 한반도의 운명을 결정하는 측면에서 많은 영향력을 갖고 있는 김 위원장이기에 위대한 한민족을 건설하는 현실적인 선택을 위해서 기도하는 사람 중의 한 사람으로 간절한 우리 민족의 소망을 이야기하고저 글을 씁니다.

인류의 역사는 과거처럼 오늘을 일정 시점 후에 과거로 만들 것이고 분단 체제로 남아 있는 남북한이 언젠가는 또다시 통합되는 큰 역사적 진리를 비켜 가진 않을 것이란 우리 모두의 믿음 속에는, 남북한이 가장 이상적인 통합의 모델을 수용하여 해외 동포까지 8천만 온 겨레가 부국강병(富國强兵)을 이루고 한반도 주변의 4강들과 어깨를 나란히 하는 우리의 미래를 꿈꾸는 것입니다. 이것이 정도요 하늘의 뜻일 것입니다.

이러한 역사적인 흐름을 생각하면 지금 남북한은 매우 중요한 시기를 맞이하고 있다는 생각을 떨치기가 매우 힘듭니다.

지금 세계사의 물결은 벌써 한 차례 역사적인 실험을 거친 공산주의와 사회주의가, 그 관념적인 이상은 남았지만, 현실적인 적용 측면에서 완전히 실패한 정치 노선으로 판명나고 북한만이 유일하게 사회주의, 공산주의에서 변형된 모습으로 시장경제를 부정하고 가부장적인, 주체라는 교조 노선으로 정권을 유지하며 변화의 물결을 수용하지 못하고, 핵 개발과 내부 통제로 체제 유지를 어렵게 하고 있는 나라가 된 지 이미 오래입니다. 북한 내의 동포들을 생각하면 가슴이 아픈 대목입니다.

과연 언제까지 이러한 체제가 유지되고 인내되어질지 걱정입니다. 순수한 북한 주민들에게 자유민주주의와 시장경제라는 담론(談論)을 허락하고 체제 변혁, 그리고 보편적인 사상에 기반하여 남북한 통합의 물고를 언제쯤 트게 될지 자못 궁금한 것이 또한 사실입니다. 역사를 진지하게 고찰하는 사람이라면 이것 이상 중요한 과제가 우리 앞에 있을 수 없습니다.

위대한 한민족(韓民族)의 시대를 여는 필요조건은 북한이 빨리 세계사적 보편적인 흐름을 적극적으로 수용하고 창의적이고 혁신적인 사회 시스템을 허락하는 국가로 탈바꿈하는 것입니다. 이러한 측면에서 대한민국은 아주 모범적인 국가로 거듭나며 하루하루 일신(日新)하고 있지만, 북한 체제를 보고 있노라면 답답한 마음이 드는 것도 사실입니다. 그렇게 할 수 없는 북한 체제의 고민을 십분 이해하면서도 역사의 도도한 흐름을 생각하면 다급한 마음이 드는 것도 사실입니다.

이러한 측면에서 저와 같이 역사와 민족을 연구하고 걱정하는 사람의 마음은, 북한의 동포들이 더 고통을 받고 북한 체제가 국제사회에서 더 고립되기 전에 한반도의 위대한 역사를 위해서 북한의 체제가 과감한 변혁(變革)의 길을 가야 하고, 그것이 설령 정권을 놓는 길일지라도, 위대한 한민족의 역사에서 아주 소중한 밑거름으로 각인되는 후대의 역사를 생각하면, 어떻게든 변화를 해야 하는 시점이 막바지에 온 느낌인데, 중요한 2013년이 되기를 바라는 마음 간절합니다.

핵을 포기하고, 체제 변혁을 한다는 것은 거의 정권을 놓게 된다는 현실적인 판단을 한다고 하더라고, 세상사의 전개가 한 방향으로 흘러가는 이 거대한 흐름에 맞서서 역류하는 모양으로 폐쇄와 독재의 길을 계속 간다는 것은 더 많은 고통과 희생을 부른 후에 결국 시기를 놓치고 종국에는 파산 후에 후대의 사가(史家)들이 아주 불행한 역사로 기록할 수 있는 개연성(蓋然性)만 더 커지는 것입니다.

이젠 2월이면 박근혜 정부가 공식적으로 출범하여 막힌 남북 관계를 풀어 가는 좋은 계기가 될 수 있으니, 과거의 상투적이고 전술적인 위선과 독선을 과감히 버리고 진정성과 신뢰성이 보장되는 노선으로 남북 간의 모든 문제들이 논의될 수 있기를 희망합니다. 필자가 보기엔 대한민국은 진정성을 수용할 것이지만, 또 다른 전술 차원의 접근이라면 오히려 한반도에 더 차가운 냉기(冷氣)운이 돌 수도 있다는 생각이 듭니다.

북한 문제를 많이 고민하고 걱정해 온 저와 같은 사람의 감으로는, 다가오는 향후 5년이야말로 북한으로서도 매우 중요한 시기를 맞이하게 될 것이란 판단이고, 북 핵 추가 확산과 내부 통제만으로 북한의 사회를 과거처럼 조이면서 통제하는 것이 매우 힘들게 부각될 것이란 생각도 듭니다. 중국공산당의 애매모호함을 제외한 국제사회의 견제도 더 강하고 드세져 북한에겐 더 힘겨운 시간들이 될 수도 있습니다.

과거 '7.4남북공동성명'을 이끌어 낸 남북한 두 최고 지도자의 2, 3세들로서 냉철한 한반도 현실 인식과 포근한 민족적 정서를 동시에 갖고 진정한 한반도의 평화 정착과 신뢰 구축을 위한 통합의 프로세스에 새로운 돌파구를 마련하여 과거의 불신(不信)과 대립을 점진적으로 청산하고, 여건이 허락하는 범위 내에서 조금씩이나마 진실(眞實)과 상생(相生)의 노래를 부르기를 소망하면서 필자와 같은 소시민의 졸필을 마칠까 합니다.

이번에는 정치적 타산보다는 민족 공영의 큰 정신을 위해 헌신하는 김정은 위원장이 되길 기대하는 것입니다. 그것이 하늘도 바라는 것이요, 온 겨레 팔천만이 자나 깨나 기대하는 가장 큰 새해의 소원일 것입니다.

2013. 1. 16

침묵

세상이 침묵하라 하면
침묵하며 사는 것이 도리요
세상이 떠들라 하면
떠들고 사는 것이 도리지만
사람의 마음이라는 것이
침묵하고 싶다고 침묵하고
떠들고 싶다고 떠들지 못하고
항상 주변에서 맴도는 것이
보통 사람들의 삶이기에
그냥 사람답게 사는 것도
세상을 사는 한 방법.

2013. 1. 8

냉정한 현실 인식으로 5년을 가야 한다
―이번 대선 결과가 너무 자랑스럽다

　자유민주주의를 하는 나라에서 누구나 자신의 의견을 말하고 전파할 권리는 있지만, 그 범위와 조건은 헌법 정신을 훼손하지 않고 공동체의 이익을 지켜야 한다는 매우 상식적이고 평범한 전제 위에서만 허용될 일인 것이다.

　필자는 정치학자로 외무 관료로 일하다가 지난 2000년도에 본격적으로 한 대선 후보의 국회 보좌관으로 현실 정치에 참여를 시작하면서 우리 사회 내에 팽배했던 이상한 흐름들을 감지하고 범상치 않은 사회적 모순들을 볼 수 있었다. 한국의 정치문화도 위장된 논리와 도덕성으로 포장되고 이러한 보이지 않는 세력들의 놀이판이 되어 간다는 위기의식을 많이 갖게 되었다.

　일반 국민들은 생업으로 잘 느끼지 못하고 지낼 수도 있지만, 분단체제의 폐해가 양산해 온 많은 사회 갈등 요인들이 민주화란 가면의 탈을 쓰고 대한민국의 정통성과 우리 역사관의 합법성까지도 훼손하는 불순한 무리들이 정치권에서 세력을 키우면서 옳은 양심(良心)

의 소리를 내는 중도보수 세력들까지 일부 부패한 기득권 세력들과 한통속으로 매도하면서 양심의 소리 진리(眞理)의 소리는 적어지고 위선(僞善)과 선전선동의 소리만이 커지는 비상식적인 왜곡된 정치환경에서 정신적으로 매우 힘든 시간들을 보낸 기억들이 새로운 것이다.

 우리 사회 내에서 그럴듯한 타이틀들을 갖고 있는 적지 않은 사람들이 대한민국의 정통성을 지키고 산업화·민주화의 성취를 선전하고 홍보하는 건전한 시민들까지도 우익이란 색깔론으로 매도하고 국제정치의 본질을 호도하면서 종북의 패러다임을 정당화 논리로 확장하면서 선량한 학생들의 순수성을 오염시키는 바람직스럽지 못한 사회적 분위기가 지난 몇 십 년을 소리 소문 없이 진행되어 온 것이다. 한반도의 평화와 통일이 굴종적 대북 노선으로 이루어질 수 없다는 가장 평범한 진리마저도 부정되어 온 왜곡의 시대인 것이다.
 기존의 급속한 산업화 과정에서 불가피하게 발생한 정경유착으로 빈부(貧富)의 격차가 커지고 특권 세력의 등장으로 사회가 부패하는 일부 부작용을 침소봉대하면서 이러한 세력을 척결하는 것이 마치 대한민국의 헌법 정신이나 건국 정신을 부정하는 세력들이 득세하는 것보다 더 우선 과제라는 잘못된 사회적 담론들이 사회적으로 범람하면서 자라나는 젊은이들에게 잘못된 역사관, 국가관을 심어 주어서 대한민국 선진화 과정에서의 본질적 과제도 보지 못하는 국민적 정서가 일부 형성되게 된 것이다.
 이러한 우리 사회의 왜곡 현상을 겪고 느낀 필자는 5년 전에도 정권 교체의 중요성을 역설하면서 평소 글로써 강연으로 한국 사회의 문제점을 지적해 온 그 틀을 현실 정치권의 현장에 심고자 선거 캠프에 적극 참여하여 대선 과정에서 현실감이 묻어나는 중도보수주의 논평들을 내면서 정권 교체에 일조하였고, 정권 교체 이후에는 이명박 정부가 이러한 역사적 소임에 충실하고 새로운 대한민국의 역사를 쓰는 위대한 대통령이 되기를 바랬던 것이다.

그러나 안타깝게도 이 대통령은 한국 사회 모순(矛盾)의 본질(本質)을 간과하면서 '중도실용론'으로 국정 운영 기조를 설정하는 과정에서 대한민국의 헌법이 명령하는 본질적인 소임을 등한시하게 되어 남북 분단 체제의 냉정한 현실 구조를 국민들에게 각인시키는 역할에서 다소 미진했다는 평가를 받을 수 있는 5년을 보냈다는 것이 필자의 개인적인 생각이다.

분단이 종식되지 못한 한반도는 기본적으로 이데올로기가 아직도 작동하는 신냉전 구도의 아픔을 망각한 것이다. 과거 광우병 촛불 사태 등이 순수한 국가의 정책적 실패보다는 우리 사회를 부정적으로 분석하는 일부 반대한민국 세력들의 발호가 한 큰 요인이었다는 것을 보지 못한 잘못된 국정 운영 노선이었다는 생각이다.

이번에도 죽을힘을 다해서 중도보수주의 정권이 유지되도록, 대한민국의 애국 시민들이 뭉치고 단합하여 열정적인 선거운동으로 어렵게 만들어 낸 박근혜 정권의 성공 여부는 민생(民生)과 경제라는 다급한 과제와 더불어서 별도로 분단 체제가 양산하고 있는 우리 사회의 본질적인 문제점과 병폐를 제대로 파악하고 이를 치유하고 극복하는 위대한 대한민국의 대통령이 되기를 바라는 마음인 것이다. 필자도 선거운동에 적극 참여하면서 이러한 바람을 한시도 잊어 본적이 없다.

다시 해가 바뀌고 지난 대선 과정에서 일어난 일들, 추억들을 생각하면서 다시 당선자에게 바라는 것은, 원칙과 소신으로 대한민국의 헌법 정신을 고양하고 건국 정신을 기리는 큰 프레임을 설정하고 대한민국의 발전을 위하는 모든 국민들의 대통합을 이루는 통합의 리더십으로 한국의 현대사를 장식하는 위대한 대통령이 되기를 바라는 것이다. 선거 과정에도 결과를 놓고 마음 조아리던 그 마음이 헛되지 말아야 할 것이다.

단, 종북 노선을 강화하고 대한민국의 자랑스런 성취의 역사를 폄하하고 한미동맹의 가치를 축소하는 반대한민국 세력들에게는 분명한 경종을 울리고 법과 테두리 안에서 분명한 조치를 취하는 소신의 대통령이 되기를 바란다. 대한민국을 사랑하는 모든 국민들을 상대로 한 대통합의 노선을 분명히 하되, 종북 노선으로 대한민국의 국익(國益)을 훼손하는 반국가 세력들에게는 분명한 회초리를 들어야 할 것이다.

2013. 1. 3

한파

지독한 한파가 배 한 척을 세웠네
물결이 얼음 마당으로 변한 지금
온 산하는 정적으로 침묵하고
얼음에 박힌 배 한 척만 보이네

이 엄동설한의 미학 앞에서
오직 소나무만 푸르름을 말하니
땅속에 물속에 숨은 새생명들이
내년 봄을 기다리면서
무슨 노래를 준비하고 있을까

얼음 하천에 갇힌 배 한 척도
이제 얼음이 녹고 나면
다시 새로운 항해를 준비하듯이
홀로 외로운 푸른 솔이라도
결코 외로워하지 말고
결코 위축되지 말고
그 푸르름 더 빛내리
모든 것이 해빙되는 그 내일을

그 찬란한 내일을 기다리리
온 산하가 다 얼어붙은
이 엄동설한의 한파 속에서도
내일의 봄을 준비하는 마음으로
소나무의 푸르름을 더 빛내리.

2013. 1. 3

우리가 걷고 있는 2013년
―우리가 모두 걸어야 할 2013년이란 시간

대망의 계사년이 밝았다. 모두가 마음속에는 걱정과 기대를 반반씩 지니고 새로운 시간의 여정을 시작하고 있다. 기대도 되고 걱정도 되는 인생사의 단면이 2013년도에도 똑같은 패턴으로 재현될 것이다.

그러나 어차피 살아야 할 시간들이라면 항상 소망을 가슴에 안고 더 진실되고 진취적인 삶을 사는 것이 개인에게나 인류 전체에게 도움이 될 것이다.

세상사가 항상 성선설(性善說)이 주류가 되는 것도 아니고 성악설(性惡說)이 또 주류도 아니기에 인류 문명의 노력 여하에 따라서, 마음먹기에 따라서 역사 전개의 방향성이 바뀔 수 있다는 것이 역사적 경험인 만큼, 더 큰 평화를 위한 인류 대장정에 적극 참여하는 자율적인 시민들이 되는 것이 좋을 것이다.

대한민국이 아직은 중진국 선두주자로서 참된 선진국으로 가는 길목에서 지난 수년간 서성거린 사실을 상기하면서 국운 융성의 기회가 올 때에 이를 과감하게 수용할 수 있는 우리 사회, 국가 자체의 역동성(dynamism)과 건실함을 더 확충하고 관리하는 2013년이 되어야 할 것이다.

세계사의 움직임도 범상치 않은 방향으로 흐르면서 역시 국제정치 구도도 힘의 외교와 강자(强者)가 우위를 점하는 방향으로 갈 것이기에 지나친 감성과 도덕성에만 기대는 순수함으로도 우리의 국익(國益)들이 잘 지켜지지 않을 것 같다는 생각이 더 많이 드는 것도 우연은 아닐 것이다.

국민들 한 분 한 분들의 관심과 노력이 쌓일 때에 대한민국의 역사는 더 바르게 쓰이고 우리 후손들에게는 더 편안한 나라를 물려줄 수 있는 토대가 만들어질 것이다.

이러한 차원에서 본다면, 통일을 이루는 큰 비전이 없이 2013년을 보내지 말고 제대로 된 통일교육을 통해서 도전받고 시험받는 한 해가 더 의미 있는 해가 되도록 우리 모두 각자의 역량(力量)을 모아야 할 것이다.

2013. 1. 2

2013
—신년시

아무도 부르지 않던 이 시간
이렇게 우리 곁에 다가와
새 둥지를 틀고
우리와 함께한 해를 설계하니
더도 말고
덜도 말고
모두 사랑만 나누고
미움은 저만치 던지자
2013 둥지 안에서
한 해 함께 보내세
인간이나 자연이나
저 우주도
다 하나가 되어서
그리 지내 보세.

2013. 1. 1

이젠 우리 모두 새로운 역사를 써야 할 때

　이젠 역사의 한 장(場)이 자나가면서 새로운 역사의 장을 맞이하고 있다. 각자의 위치에서 진정으로 나 자신과 나라를 위하는 길이 무엇인지를 놓고 심각하게 고민하고 능력과 여건이 허락하는 범위 내에서 적절히 국정(國政)에 참여하여 당선자의 대국민과의 약속을 현실화하는 작업에 동참해야 할 것이다.

　대통령 당선자는 자신의 철학과 비전을 개발하고 실천하는 성향의 인사를 추천·검증·등용하여 짧은 5년 동안 자신이 대선 기간 동안 공약으로 약속한 대국민 공약들을 실천해야 하는 큰 의무가 있다. 이것이 잘 진행되지 않으면 임기 말에 민심이 등을 돌리는 불행한 대통령이 되어서 역사의 가혹한 평가를 받을 수가 있기에, 지금 이 순간 기쁨보다는 더 큰 부담으로 나라를 걱정해야 하는 것이다.

　필자는 당선자께서 매우 잘 하리라 믿어 의심치 않는다. 새로운 시대는 새 그릇을 만들어서 새로운 내용을 채우는 아주 상식적인 과정이지만, 대한민국 사회의 특성상 남남갈등이라는 구조적인 모순을 잘 이해하고 이에 기반한 인사와 국정 수행을 할 때만 정책 추진도 성공하고, 효과적인 국정 운영으로 시간을 낭비하는 일이 없을 것이다.

국민 대통합, 대탕평(大蕩平)이라는 큰 슬로건은 백 번 지당하지만, 선거 과정에서 국민들에게 제시한 야권의 후보와는 차별화된 박근혜 브랜드를 정책으로 연결하고 상품화하는 지지자와 동조자들의 정책적 지향점을 희석시키며 지나친 광폭 행보로 통합만을 강조하다가 박근혜 당선자만의 컬러를 상실한다면 이 또한 대통령 리더십의 본질을 훼손시켜서 성공적인 국정 수행을 어렵게 할 것이다.

필자도 이번 박근혜 정권을 만드는 일에, 2012년 이 시점에서, 그동안 쓴 수많은 칼럼들, 강연, 페북 등을 통한 중도보수 노선의 필요성을 역설하는 일부터 시작하여 정치학자로서 현실 정치인으로 정책기획과 전략개발 등으로 나름의 열정을 바친 일을 돌이켜 보면서, 백 번, 천 번 절대적으로 성공한 정권으로 자리매김하는 길이 무엇인지에 대한 고민이 다시 찾아오고 있는 것이다.

어찌 보면 향후 박근혜 정권 5년은 한반도 주변 정세가 대전환의 길로 들어서는 격변(激變)과 소용돌이의 시기가 될 수 있기에 새로운 정권의 중요성이 더 크게 느껴지고, 더 큰 책임감으로 정권의 성공을 위해서 가야 하다는 커다란 압박감도 느껴시는 것이다.

2012. 12. 27

오늘

오늘은 특별한 날
모두가 쉬는 날
모두가 움직이는 날
나라 생각하는 날
가족 생각하는 날
내 미래를 생각하는 날

오늘은 특별히 중요한 날
순국선열들이 부르는 날
역사가 움직이는 날
사람을 고민하는 날
오늘은 고마운 날

민주주의가 크는 날
내 인생을 키우는 날
그래서 좋은 날.

2012. 12. 19

환성

사람의 소리인가
역사의 소리인가
소리는 하늘의 소리
함성은 하늘의 함성
역사는 사람을 선택하고
사람은 하늘을 존경하고
하늘은 다시
사람을 사랑하니
그 함성 소리도
사람의 소리이다.

2012. 12. 15

역사의 물줄기는 도도히 흐를 것이다

 이제는 대한민국의 국운(國運)을 가르는 선거도 며칠 안 남았다. 국민마다 다른 생각으로 나름의 기준으로 판단을 하고 투표장에서 나름의 민주적 절차를 밟을 것이지만, 한 분 한 분 국민의 뜻이 모인 결과는 향후 5년이 아닌 한 세기 대한민국의 운명(運命)을 결정하는 중요한 방향타가 될 것이다.
 표피적인 선거 자체보다도 이번 대선이 갖고 있는 그 숨어 있는 역사적인 의미와 깊이가 나에게 이리 세게 다가오는 것은 우연일까?
 항상 터지는 고질병처럼 선거를 며칠 앞두고 이런저런 네거티브니 뭐니 하면서 공방(攻防)을 하여도 역사의 거대한 물줄기는 바꿀 수가 없는 것이다. 반만년의 역사가 흐르는 서울의 심장부에서 순국선열들이 눈을 부릅뜨고 지켜보는 중요한 이 시점은 역사성과 시대성을 동시에 담은 매우 중요한 역사적 분수령인 것이다.
 역사는 긍정적인 사고로 미래를 걱정하는 사람을 선택할 것이다. 과거를 들추고 험담하는 세력보다는 미래의 부강한 통일 한국을 이야기하고 달콤한 포퓰리즘 공약보다는 비전을 제시하면서 국민들도 허리띠를 졸라맬 필요가 있으면 희생과 노력을 과감하게 주문하는 진정한 지도자를 기다리고 있는 것이다.

이러한 측면에서 본다면, 필자는, 과거 수백 차례 저의 칼럼에서도 밝혔지만, 통일 시까지는 중도보수 노선을 지향하는 정권이 나와서 안정적인 국정 운영을 하는 것이 맞다는 생각을 거듭 확인하는 것이다.

지금 이 시점에서 중도보수적인 정권은 한미동맹을 더 강화하여 불안정한 북한 변수를 합리적으로 관리할 것이며, 급성장하는 중국과의 적절한 관계 설정으로 동북아 지역의 돌발 변수를 견제하고, 과거 서독 수준으로 경제력을 키우는 지혜를 모아서 통일 시대를 대비하는 부국강병 노선으로 나라를 이끄는 지도자가 이끄는 정권인 것이다.

2012. 12. 14

또 다른 하루

또 하루가 흘렀네요
가는 흔적도 없이
춥다 춥다 하면서
발을 동동 구른 기억에
전화 통화에
사람 이야기에
그럭저럭 하루가 흘렀군요
오늘 하루가 또 이렇게 가면
내일은 또 어떨지
또 다른 하루지요.

2012. 12. 13

각박한 한반도 주변 상황도
선택의 중요 변수

이미 1990년 초반부터 세계의 갈등 유발 지역으로 중동이 아닌 동북아시아를 국제정치학자들이 일찍부터 더 심각한 지역으로 지목했다는 사실을 우리는 대선 직전에 심각하게 생각해 볼 필요가 있다.

민생으로 고통받는 국민들이 다소 먼 주제처럼 느껴질지라도 이것이 안 되면 장기적인 민생도 어려운 매우 중요한 과제인 것이다.

20여 년이 흐른 지금 다시 한반도 주변 상황이 또다시 중동이나 중앙아시아보다 더 심각한 갈등 유발 지역으로 여겨지는 현실을 우리 국민들이 더 객관적인 고찰로 보아야 하는 것이다. 주변의 영토 분쟁으로 표출되는 조그만 갈등구조를 무시하면 안 된다.

큰 틀에서는 역사적으로 화해를 못하고 있는 이 지역의 주요 국가들의 태도와 미국과 중국의 이 지역에 대한 헤게모니 싸움이 큰 원인이겠지만, 시야를 좁혀서 한반도로 더 들어오면 그 근본 원인을 북한이 제공하고 있는 현실에 대해서 유권자들이 몇 번이고 생각을 해 보아야 하는 대목인 것이다.

세계 역사상 유례가 없는 가부장적이고 전체주의적인 독재 권력을 억지로 끌고 가려는 북한 체제의 속성이 만들고 있는 것이다. 이러한 체제를 상대로 인내와 설득으로 남북 관계를 다루고 있는 현 이명박 정부가 남북 긴장의 원인이라 비판하는 세력들, 그 본질이 무엇인지 국민들이 잘 보아야 할 것이다. 북한 체제를 한번도 비판도 못하는 세력들이 대한민국의 민주주의를 비판하는 억지 논리에 속는 국민들이 있어서는 안 될 것이다.

우리 사회의 일부 이상주의적인 대북관(對北觀)을 가진 정치인들의 주장처럼 우리가 굶주리는 북한을 돕는 것으로 이 문제가 해결될 수 있다면 별걱정이 없겠지만, 이러한 순수한 우리의 바람과는 달리 이미 북한 문제는 국제정치 구도와 깊게 연계된 국제 쟁점화된 사안(事案)이기에 더 본질적이고 냉철한 판단을 해 보아야 하는 것이다. 우리가 단순히 돕는 성격으로 해결될 모순(矛盾)이 아닌 것이다.

어제 대선 토론도 경제민주화와 분배(分配)라는 문제에 집중되고 정작 더 중요한 새로운 신성장 동력 창출 문제는 언급도 잘 되지 않은 것처럼, 지금 안보 문제도 중요한 본질을 외면하고 일부 세력들이 그저 표피적인 감성적 접근과 근거 없는 대북 낙관론으로 우리 국민들을 혼돈스럽게 만들고 있는 형국이다.

따라서 필자는, 지금이야말로 우리 유권자들이 특정 정치인들의 책임지지 않는 선동적이고 이상적인 공약에 눈을 팔기보다는 더 깊이가 있고 우리의 안보 이익에 정말로 부합하는 안보관을 갖고 있는 후보가 누구인지에 더 많은 관심으로 더 깊게 살펴보아야 할 것이다.

동북아시아에 중국의 급부상, 그리고 일본의 우경화 노선으로 불확실한 정국이 조성되는 현실에서 분단국의 대통령으로 이러한 불확실한 상황을 잘 관리할 대통령은 무조건적인 대북 지원이나 평화협정 등 시기상조인 언어들을 나열하면서 현실을 무시하는 후보가 아닌, 냉정한 국제정치 구도를 읽고 국방력을 현실적으로 강화하지 않을 수 없는 동북아 지역의 신갈등 구조를 이해하고 대처할 수 있는 후보가 되어야 하는 것이다.

  이러한 차원에서 제주 해군기지 건설 반대 등 낙관적이고 이상적인 접근으로 현실주의적인 국제정치 구도를 잘 이해하지 못하는 후보는 2013년부터 대한민국을 이끌기에는 매우 부족하다는 것이 필자의 개인적인 생각인 것이다.

  2012. 12. 11

이때가 되면

사람들은 연말연시라고 하지만
세월인 나의 눈에는 그저 평범한 시간일 뿐
그저 가을 단풍이 동장군으로 바뀐 것 뿐
그저 진달래가 지고 한여름의 태양이 지나갈 뿐
이때가 되면 사람들은 난리다
스스로 만든 개념을 통해
시작이 있고 종말이 있다고
사람들 스스로 문명을 만들고
야단법석으로 떠들고 있지만
세월인 나에겐 그저 평범한 시간일 뿐
나는 그저 유유히 흐르지만
사람들 스스로 정의하고 살아갈 뿐
내 시간은 항상 같은 것인데
사람들이 연말연시라고
이리저리 호들갑이니.

2012. 12. 8

종북 세력들의 본질을 알아야 한다
―종북 세력들에게 국정 참여의 기회는 안 된다

저는 지금 대한민국은 총성이 없는 전쟁을 치르고 있다고 생각합니다. 6.25가 정전이 아닌 휴전 상황에서 아직도 분단 구조의 모순을 안고 가는 대선 정국인 것입니다.

우리 국민들이 생업에서 나와 우리 역사의 암울했던 시절을 되돌아보면서 우리 공동체의 문제에 더 관심을 갖고 나라 사랑의 마음을 바로 키우는 것이 우리 자손을 위하고 통일 조국을 이루는 첩경이라 생각합니다.

치안정책연구소 발표에 의하면 종북 세력은 대법원이 판결한 이적단체가 80여 개로 이를 추종하는 세력이 3만 명이고 동조 세력을 300만~500만으로 추정하고 있는 상황에서 우리는 이번 대선이 보이지 않는 이념 노선이 크게 작용하고 있음을 알아야 할 것입니다.

종북 세력이 대한민국의 국가 기반을 뒤흔드는 사례로 군 출신 장교나 전현직 공무원이 종북 사이트에서 김일성을 찬양하고 법정에서 김정일 장군님 만세를 부르고 천안함 폭침(爆沈) 조사 결과 발표를 부정하는 서신을 UN에 보내 대한민국의 위상을 손상시키는 등 대한민국의 정통성을 부정하고 자유민주주의 체제를 붕괴시키려고 안간힘을 쓰고 있는 상황을 국민들이 잘 보아 왔기에, 이러한 세력들에 대한 경계심을 주장하는 애국지사들의 논리를 우리 국민들이 보수우익들의 편향된 논리라고 폄하하면서 종북 세력들의 선전선동에 속으면, 이번 12.19 대선이 어려워질 수 있기에 저는 다시 한 번 국민들의 바른 국가관(國家觀) 성찰을 부탁드립니다.

본래 선거철만 되면, 예비 권력 주변으로 철새처럼 모여드는 많은 사람들이 있지만, 개인적인 입장을 떠나서 일관성을 갖고 왜 대한민국이 통일이 되는 순간까지 중도보수 정권이 필요한지에 대한 글(인터넷 월간조선 박태우 신부국강병론)을 1,000여 편 이상 지난 10년간 부지런히 언론에 내보내고, 강연 활동을 하고, 몸소 행동으로 현실 정치 현장에서 스스로 외쳐 온 지난 10여 년을 돌이켜보게 됩니다. 정치학자로서 그동안의 대한민국이 걸어온 역경과 고난을 생각하면서 다시 한 번 이번 대선의 중요성을 국민들에게 알리는 것입니다.

세상만사가 다 그러하듯이, '밥 지은 놈이 있으면 먹는 놈이 따로 있다'고 하는 속설처럼, 실질적으로 새로운 정부가 있기까지 보이지 않는 음지에서 고생한 이 땅의 양심적인 지식인들이 새 권력이 섰어도 설 수 있는 공간이 적었던 것을 보면서 많은 개탄을 했지만, 나라가 그래도 어느 정도 바른 길로 가고 있다는 만족감으로 어려운 시간들을 버티어 왔던 것입니다. 이러한 차원에서 사적인 이익을 뒤로 하고 공익(公益)을 위해서 이번에도 우리 모두는 애국심을 갖고 힘을 합쳐야 하는 것입니다.

　지금 역사적인 국민의 선택을 기다리는 12월 19일이 얼마 남지 않은 시점에서도 필자는 똑같은 심정으로 대한민국의 역사를 걱정하고, 앞으로 한반도 주변에서 있을 수 있는 엄청난 변화들을 국제정치학자로서 예견하면서 또다시 중도보수 정권의 탄생을 기원하면서 나름의 애국운동을 열심히 하고 있습니다.

　앞에서도 강조하였듯이, 남남갈등을 조장하는 반미종북(反美從北) 세력들이 주장하는 이상적이고 허황된 거짓 구호로 국민들에게 거짓 판단의 근거를 제공하는 일 만을 없어야겠기에 지난 10여 년 글쓰기를 통한 애국운동의 연장선상에서 이번 대선이 어느 때보다도 중요함을 국민들에게 호소 드리는 글을 올립니다.

　그래서 오늘은 글을 쓰는 톤도 경어체로 바꾸고 민심이 천심이라는 진리를 확인하면서 왜 지금 우리에게 중도보수 정권이 필요한지에 대한 이야기를 하는 것입니다. 결국은 하늘의 뜻이 국민들의 가슴속에 자연스레 전파되어 대한민국의 바른 선택의 길로 가야 하는 절차대한 순간임을 말씀드리는 것입니다.

　대한민국의 안보 이익을 침해했던 종북 세력들이 돕고 있는 후보가 대통령이 되면, 지금 북한에서 우리 순수한 동포들이 신음하고 있는 처절한 상황에서 새로운 시대가 도래할 것을 염원하고 있는 우리 동포들에게 더 암울한 시간을 연장시키는, 종북을 근간으로 하는 대북 정책이 다시 시작되어 우리 국민들이 생각하는 순수한 인도적인 대북 지원이 아닌 북한의 독재 정권을 연장시키는 종북 정책이 발현될 것이기에, 이것은 우리 후손들의 미래나 한반도의 통합을 위해서 정도(正道)가 아니라는 한 정치학자의 견해를 다시 한 번 말씀드리고자 합니다. 역사의 순리(順理)는 이것이 아니라는 생각입니다.

  우리 국민 모두가 이것만은 알고서 투표장에 가야 할 것입니다.

  우리의 미래는 우리 스스로가 선택하기 때문입니다.

2012. 12. 7

눈

반갑다고 해야 하나
걱정이라 해야 하나
동심은 눈을 반기고
어른심은 걱정이 앞서네요
이 하얀 눈을 누가 주나요

저 하늘이 주나요
저 우주가 주나요
하느님이 주나요
이 눈을 누가 주나요
그저 반갑네요
누가 주든
그냥 반가운 마음이네요.

2012. 12. 5

북 미사일 발사를
실용위성이라는 세력들
―통합진보당 또 대한민국을 우롱하나

대한민국 정치학자들 중에서 필자만큼 현실 참여 의식을 강하게 갖고 북한 정권의 비정상성에 대해서 그토록 많은 글을 언론에 낸 교수도 없을 것이다.

물론 필자는 그동안에 대한민국의 정치 개혁과 남북 관계 발전에 대해서 많은 현실 참여로 현장에서 경험을 축적하여 이론적인 피상성에서 떠나서 현장감을 많이 개발해 온 관계로 다소 더 적극적인 언어로 국민들에게 진실을 알리려는 노력을 해 온 것이다.

지금도 필자의 평소 정치 노선인 중도보수 노선의 강화를 위한 정권 창조가 소명이라고 생각하고 한반도가 처한 상황을 보며 현실적인 민주주의 논리에 충실하게 중도보수 정권 창조에 나름의 노력을 기울이고 있는 것이다.

이번 대선이 국가의 운명을 가르는 매우 중요한 선거이기에 오늘부터 북한이 다시 조성하고 있는 한반도 미사일 정국의 매우 큰 의

미가 필자에게 다가오고 있는 것도 이상할 일은 아닌 것이다. 투표 정국에서 국내의 남남갈등을 조장하는 행위이기도 한 것이다.

김정일 1주기 행사라는 명목으로 굶고 주리는 백성들을 방치하면서 또다시 수억 달러의 외화를 공중에 버리면서 국제사회와 힘겹게 줄다리기를 하는 김정은 독재 정권의 목표는 오직 하나, 시대착오적인 독재 정권 유지라는 것은 누구나 잘 아는 사실이기에 새삼 강조할 필요가 없지만, 왜 이 대선 정국에서 이러한 비정상성을 또 확대하는지에 대해선 분석할 필요가 있다.

대화를 통한 북 핵, 미사일 문제 해결을 추구했던 오바마 1기 행정부도 북한이 국제사회와의 약속을 헌신짝처럼 버리는 것을 자주 보아 온 터라, 이번에도 미중(美中)에서 새로운 지도부의 등장으로 동북아에 새로운 틀이 짜이는 형국에서 새로운 생존 전략을 구사하는 북한에게 미중(美中)이 어떤 대응을 할 것인가가 초미의 관심사지만, 우선 선거를 잘 치러야 하는 우리 입장에서는 더 큰 정치적 함수가 있는 것이다.

이러한 위험한 상황에서도 통합진보당은 또다시 그 당의 정체성을 또 드러내며 북한의 미사일 발사가 실용위성이라 우리의 나로호 발사와 다를 바가 없다는 억지 주장으로 북한을 애써 엄호하는 모습은 이제는 국민과 역사를 우롱하는 수준으로 치닫고 있다. 북한이 지난 1998년, 2006년, 2009년, 그리고 지난 4월까지 모두 네 차례 인공위성을 쏘면서 장거리 발사체를 실험한 사실을 모르지는 않을 것이다.

이렇게 반대한민국적이고 친북적인 세력과 한때 정책 연대를 통해

총선을 치룬 적이 있는 통합민주당은 이번에 이러한 진보당의 어불성설에 대해서 분명한 입장을 내고 공당(公黨)으로서 과연 문재인 후보가 어떠한 생각을 갖고 이러한 종북 정당의 주장을 보고 있는지 국민들이 매우 궁금해하고 있음을 알아야 할 것이다.

"한반도 안에서 평화와 안정을 해치는 일이 발생하는 것을 우려한다."는 중국 시진핑 지도부의 매우 의심스런 논평과는 별개로 한미일(韓美日)은 강력한 공조로 동북아(東北亞)에 신냉전의 먹구름이 오는 것을 강력한 공조로 저지하는 대선 후보가 대통령이 되어야 이 나라의 향후 안보 이익이 보장될 수 있을 것이다.

하기야 제주 해군기지 건설에 대해서 부정적인 입장을 견지하는 야권의 후보가 자신들의 한때 공조 세력이었던 통합진보당의 친북적인 공약을 어떻게 보고 있는지도 국민들은 궁금한 것이다.

지금 통합진보당은 대선 공약으로 주한 미군 철수, 국가보안법 폐지, 코리아연방 건설을 내세우면서 국내에서 반대한민국, 종북 세력들의 집결지 역할을 하고 있다는 사실을 국민들도 명확하게 인식할 필요가 있는 것이다.

국익(國益)을 해치고 민주적 기본 질서를 위협하는 정당 활동을 계속하도록 방치하고 방관하는 국가는 국민들에게 큰 소임을 다 하지 못한다고 볼 수 있다. 국민들의 소중한 세금이 대선 정국에서 27억이나 흘러들어간 정당이 대한민국의 안보에 커다란 함수를 갖고 위협으로 다가오고 있는 북한의 미사일 도발을 실용위성이라 칭하며 감싸는 세력과 표를 의식해서 연합하는 후보가 있다면 이는 국민을 아주 우습게 보는 처사라 할 수 있을 것이다.

고립과 체제 불안정성을 키우고 대한민국을 그토록 못되길 원하는 북한을 왜 두둔하는가? 이는 그들 스스로 명확하게 답을 주어야 할 매우 중차대한 문제이다.

2012. 12. 3

제3부

지금은 국민들의 균형 잡힌 시각이 필요할 때

현실을 무시하고 이상적인 논리와 말로써 정치적 발언을 하면서
우리 사회를 이렇게 갈라 놓은 나쁜 패거리 의식과
반국가적인 간언들은 이번 선거를 통해서
국민들의 현명한 판단으로 반드시 심판을 받아야 할 것이다.

기다림

민초들의 마음은 항상 기다림이지요
오늘은 고달프고 힘들어도
후천개벽의 세상을 꿈꾸는
기다림의 마음이지요
이 정치 그 정치 다 겪어 보면서
새로운 정치를 기다리지만
또 속고 속아온 민초들
그래도 기다림은 미학이지요
그것마저 없으면
황량한 벌판에서 더 힘들지요
현실이 고달퍼도
기다림은 아름다움이지요
새로운 세상을 기다리며.

2012. 11. 27

애국 세력의 마음을 얻는 사람을
하늘이 선택한다

분단국가로 살고 있는 우리 사회에서 언제부터인가 대한민국을 사랑하는 세력들을 극우(極右)라는 표현으로 매도하는 아주 잘못된 관행이 횡횡하고 있다. 그렇다면 극좌는 대한민국을 증오하는 세력이던가?

아마도 대한민국을 건국하는 과정에서 좌우 대립을 겪은, 다른 역사관을 가진 세력들이 자신들의 사관(史觀)을 정당화하는 과정으로 억지로 좌파 언론들과 만들어 낸 적실성이 부족한 용어 제조이고, 지금도 이러한 내막을 잘 모르는 일반 국민들은 그러한 좌파 지식인이나 종북 세력 혹은 좌파 언론의 주장을 여과 장치 없이 받아들이면서 애국 세력을 극우 세력으로 범하는 오류를 범하고 있는 것이다.

정치행위가 흑백의 논리로만 통용되는 정치 후진사회에서만 있는 매우 잘못된 언어도단인 것이다. 대한민국의 근현대사를 논할시, 이러한 분들의 노력과 희생이 없이 오늘날 이러한 대한민국의 위상을 어찌 가질 수가 있는 것인지 곰곰이 생각해 보아야 할 것이다.

  그래서 필자는 나라 사랑을 몸소 실천하는 애국 세력을 극우 세력으로 매도하는 사람들이나 집단의 행태를 유심히 보아 왔는데, 결론은 그들은 반미종북 세력들이 주류로서 대한민국이 성취한 이 엄청난 성과를 폄하하는 사람들인 것이다. 물론, 보수 애국 세력이라 참칭하면서도 경직된 자세로 애국심을 훼손하는 일부 사람들이 있을 수는 있을 것이다.

  이번 대선에서도 이러한 반대한민국 세력들은 음지에 똬리를 틀고, 여지없이 애국보수 세력들을 좌파 언론과 연합하여 극우 세력이라 칭하고 있고, 우리 사회에 기생하는 잘못된 이념의 장을 더 확장하면서 대선전에 임하고 있다는 필자의 판단이다. 어쩌면 북한의 국내 정치 개입 정치 의도를 가장 노골적으로 공격하는 세력들을 폄하하는 세력들이 누구와 동조하는지 이제 우리 국민들은 눈을 뜨고 보아야 할 것이다.

  애국보수 세력들이 한 역할이나 공과가 급진적인 산업화·현대화 과정에서 부정적인 면이 다소 있어서 앞으로 우리 사회가 개선의 길로 가야 하는 것은 너무나 당연한 영역이지만, 근본적인 틀 자체를 부정하면서 대한민국의 애국가를 부정하고 태극기를 경시하는 세력들을 동조하는 인물이나 세력들이 우리 정치권에서 더 이상의 힘을 얻지 못하도록 국민들이 잘 보아야 할 것이다.

  오늘 아침에 한 애국 단체가 신문광고를 낸 문구를 보니 필자는 그들의 마음이 애국의 마음이요, 나라 사랑의 마음이지, 결코 분단

체제하에서 극우 노선으로 폄하될 것이 아니라는 느낌을 또 받고 있는 것이다.

오늘 아침 한 보수 단체가 신문에 낸 광고는 다음의 4가지 메시지를 전하고 있는데, 애국심의 발로가 아니던가?

1. 북한의 자유와 개방을 추진하여 이천만 북한 동포들의 생존과 인권에 헌신할 지도자는 없는가?
2. 한반도의 지정학적 입장과 구한말 이상 수준으로 주변국들의 위협적 상황에서, 대한민국 주권 수호의 최선의 방책은 한미 안보·경제동맹 강화뿐임을 국민에게 호소하는 신념화된 지도자는 없는가?
3. 대한민국 정체성인 태극기와 애국가 및 성장의 반석인 자유민주주의 시장경제 체제를 부정하는 망국적인 풍토를 청산시켜 오로지 대한민국의 미래에 몸 바칠 지도자는 없는가?
4. 과복지·포퓰리즘은 자식들 세대의 필연적인 빈곤과 국가의 붕괴까지 초래하는 바, 국민들에게 더 큰 성장을 위한 인내와 절제, 땀을 요구할 지도자는 없는가?

이러한 주장을 입바르게 하는 사람들이야말로 진정한 대한민국의 국민이고 애국자이지, 이들이 왜 극우라는 레터르를 잘못 붙이고 있는 것인가? 이러한 잘못된 사회적 병리 현상을 현명한 국민이 판단해야 할 것이다. 이러한 애국 세력들을 폄하하는 좌파 언론, 반미종북 세력들의 정체가 무엇인지 국민들이 더 주의를 기울여야 하는 것이다.

이번 다가오는 대선에서도 이러한 감동적인 애국심을 수용하는 헌신의 지도자를 하늘이 선택하리라 믿는 것이다. 우리 국민들은 이러한 범주에 가장 근접한 후보가 누군지 잘 생각해 보는 시간이 필요할 것이다.

2012. 11. 15

11월의 어느 멋진 날에

꿈이던가
가을 하늘 위에 앉아
고향을 그리니
모두가 평온이라

10월의 어느 멋진 날보다
11월의 멋진 날이 유독
나에게로 다가오는 것은
저 늦가을 하늘녘에
그 마음이 걸렸음이라
자연과 하나가 된 그 마음
이 멋진 자연과 하나가 됨도
기쁨이고 축복이어라.

2012. 11. 12

미숙한 현실 인식이 우리의 가장 큰 숙제

　필자가 한 달 전에 주요 대선 후보들의 북한관(北韓觀)을 검증해야 한다는 글 '대선 후보들이 반드시 답해야 하는 문제'(월간조선, 10월 2일, 박태우 신부국강병론)이 나간 후, 오늘 동아일보의 배인준 주필이 '문 후보의 북한관 노무현과 다른가' 라는 칼럼을 내보내는 것을 보고 대한민국을 객관적으로 조명하고 있는 인사들의 애국지심(愛國之心)이 크게 다르지 않음을 보고 있다.
　특히나, 애국 지식인들은 많은 논조로 북한에 대해서 가장 이상적인 인식을 하고 있는 특정 후보의 북한관을 반드시 검증하여 다른 후보들의 북한관과 견주어서 국민들의 알권리를 충족시켜 주어야 한다는 주장을 많이 하고 있는 현실이다.
　전 세계를 무대로 한 국제정치학적인 안보에 대한 포괄적인 이해는 그만두고라도 한반도가 위치한 동북아 지역의 안보 지형과 남북문제에서 객관성과 현실성을 상실하고 이상적인 담론으로 피상적인 논리에만 기댄 글과 말들이 우리 국민들과 자라나는 젊은이들에게 얼마나 많은 그릇된 북한관을, 안보관을 심어 줄지 너무나도 걱정이 되는 것이다.

미국의 국제전략문제연구소(CSIS) 보고서에 의하면, 동북아 지역은 군비 경쟁이 가장 심하게 가열되는 곳으로 중국만 보더라도 지난 10년간 4배의 국방비를 증액하여 2011년도 총 899억 불의 국방비를 지출했다는 분석이다.

작년에 이 지역의 일본은 582억 달러, 한국은 290억 달러, 대만은 100억 달러의 군비를 지출했는데, 동아시아 지역의 안보적 불안정성의 증가를 많은 군비 지출의 주요 원인으로 분석하고 있는 것이다. 특히나, 스톡홀롬의 국제평화연구소는 실제 중국의 국방비 지출이 1,422억 달러에 달할 것이라는 추정치가 나오는 현실에서 대선 후보와 유권자들의 안보 인식이 지금처럼 안이한 수준에 머무르는 것은 바람직스럽지가 않은 현상이다.

물론 같은 해 6,700억 달러를 사용한 미국이 세계적인 군사 패권을 동아시아 지역에서도 양자 간의 협력 구도를 통해서 계속 유지하려는 현실적인 판단도 있지만, 안보에서 가장 중요한 대한민국 국민들의 안보 인식이야말로 향후 안보지수를 결정하는 가장 중요한 요인이기에 더 치열한 남북 문제에 대한 인식의 주문을 대선 후보들에게, 국민들에게 해야 할 것이다.

'또다시 2002년처럼 허술한 안보관 검증을 뒤로하고 노무현 전대통령이 당선 후, 북한 변론으로 많은 시간을 보냈다는 고백을 우리가 그냥 넘길 수 없다' 는 배인준 씨의 주장이 더욱더 설득력 있게 다가오는 것은, 지금도 색깔론이라는 함정에 매몰되어 우리가 후보들의 안보관, 북한관을 허술하게 검증하는 실수를 다시는 해서도 안 될 것이다. 우리의 안보 이익을 지키는 노력을 색깔론으로 폄하하는 세력들의 정체가 문제인 것이다.

이명박 정부의 상호주의에 기반한 정당한 대북 정책 시행을 현재 북한이 대남 도발을 강행하는 이유라는 변론으로 물타기를 하는 국내의 종북 세력들이 문제인 것이다. 또다시 국민들을 눈속임으로 오도하는 그릇된 일이 없도록 국민들 스스로 나서서 공부하고 판단하는 노력이 필요할 것이다. 이러한 차원에서 박·문·안 세 후보가 안보 문제를 놓고 끝장 토론을 하라는 주장은 매우 설득력이 있는, 국민의 알권리를 대변하는 것이다.

필자가 믿기엔 한반도에 대해서 해박한 정보에 기반하여 가장 정확한 분석력으로 한반도 문제를 다루어 온 미 해리티지재단의 Bruce Klingneer 선임연구원도 '새로 북한의 지도자로 등극한 김정은도 과거의 북한의 도발적인 행태로부터 자유롭지 못한 대남 노선을 그대로 유지할 것' 이라는 분석을 하는 것을 보면, 앞으로 누가 대통령이 되든 한반도의 문제가 더 복잡하게 꼬이면 꼬이지, 단순하게 대화만으로 해결된다는 환상을 어느 정도 버려야 하는 우리의 현실을 대선주자들이 똑똑히 보아야 한다.

안보 관련, 최근에 유럽연합(EU)이 노벨평화상 수상자로 결정되는 것을 보면서 James Glodgeier 미 아메리칸대 교수도 의미있는 평을 한 것이 우리에게도 많은 시사점을 주고 있다.

그는 그의 칼럼('Do not forget NATO', IHT, 17 Oct. 2012)에서 유

럽연합이 평화 유지를 위한 노력의 근저에서 국제정치적으로 미국이 주도하는 NATO 역할이 있었기에 가능하다는 분석을 하고 있는데 이는 우리 대선 후보들이 깊이 새겨들어야 하는 대목이다.

 그는 그의 칼럼 말미에서 유럽의 평화는 경제적 부흥만으로 이루어진 것이 아니라 경제 발전에 밑거름이 되었던 미국 주도의 다자안보협력구도인 NATO가 유럽의 평화와 경제적 번영의 근원임을 예리하게 분석하고 있는 것이다.

 우리 대선 후보들이 이상적인 민족공조 논리로만 무장하고 국제정치의 냉정한 현실을 다소 과소평가하는 것은 큰 문제이다. 국제정치적인 시각에서 볼 시 한국 경제 기적의 근원인 한미동맹을 폄하하고 대한민국을 전복시키려는 북한과의 대화만 지나치게 강조하는 안이한 안보 인식으로 다름 5년을 끌어간다는 것은 참으로 불안한 현실이다. 대화를 하지 말자는 것이 아니라 정확한 현실 인식으로 우리의 안보 이익을 지켜야 한다는 것이다.

 우리는 분명히 불과 몇 년 전에 한반도 평화와 통일의 이름으로, 전쟁 방지 명분으로 북한의 만행에 눈감고, 달랜다는 명분으로 퍼주고 그들의 요구에 합의하는 유화만 고집했던 대북 노선이 작금의 불안정하고 예측이 더 불가능한 북한을 낳은 것을 보았다.

 정확치 않은 10개에 달하는 핵무기, 그리고 엄청난 생화학무기, 그리고 우리 영토를 다 커버하는 미사일로 우리를 위협하고 '남남갈등을 획책하는 북한의 본질을 외면하는 후보가 이 나라의 대통령이 절대로 되어서는 안 된다'는 필자의 강한 주장을 독자들에게 전달하고 싶은 것이다.

  북한이 망하는 것을 막았다는 주장이 지금 이 순간 어떤 의미인지 다시 곱씹어서 살펴보아야 하는 것이다. 독재 권력을 비호하는 것과 북한 주민을 위하는 것은 다른 차원의 문제이다.

  2012. 10. 17

밤길

가로등 불빛 아래
둥그는 나뭇잎 사이로
내 발길이 건너가네
빗방울 소리 그치지 않고
이내 늦가을 단풍을
저리도 강타하다가
이내 마음이 약해지어
단비로 변했구나

누가 이 빗노래를 부르나
단풍 노래 다 가고
겨울 노래 기다리는데
가을 단풍 아래
늦가을 비에 젖은
가로등의 아픔도
내 발길 속에 묻어나
이리도 힘든
밤을 또 보내는구나.

2012. 10. 6

박근혜 후보에게 드리는 글
―존경하는 박근혜 후보님

　한반도가 내우외환(內憂外患)의 시련기를 맞아 향후 좋은 국가 운영을 위한 고민과 결단의 연속으로 고단함 속에서도 애국심으로 나라 사랑의 마음을 불태우고 있는 모습이 보입니다. 이제 대선 투표일이 48일 남은 시점에서 국가적으로도 매우 중요한 국민들의 선택을 받아야 하는 순간이 다가오고 있군요.

　필자가 아무리 보아도 향후 5년은 대한민국의 향후 수십 년을 결정하는 매우 결정적인 시기입니다. 즉, 우리 후손들의 삶이 결정되는 중요한 토대를 만드는 시기가 될 것입니다.

　북한 체제가 백성들의 삶이 어려워져 고단한 신음 소리를 내고 있고, 국내의 민생 문제는 매우 가파르게 힘들어지고 있으며 사회와 세대를 아우르는 가치 체계는 급속하게 붕괴되어 공동체의 결속력이 저하되는 위기의 시대를 맞아 우리 모두가 힘들어 하고 있습니다. 집값이 하락하는 현상 하나만 보아도 중산층이 심리적으로 얼마나 위축되는 시기인지 잘 알리라 믿습니다.

바로 이러한 때에 국가를 반석 위에 세울 철학으로 무장하고 국민들의 걱정을 충실히 소화하고 새로운 희망을 주는 대통합의 정치를 위해서 헌신하는 모습이 참으로 좋습니다. 그동안 나라 생각으로 진실되게 살아온 모습이 다 보입니다. 나라와 스스로 결혼했다는 그 모습이 느껴집니다.

정치는 국민들의 선택을 받아야 하는 민주주의 원리가 작동하기에 상대 진영의 목소리에도 귀를 기울이면서 좋은 점은 칭찬하는 성숙된 매너로 차분하게 차선이 아닌 최선을 제시해 유권자들을 설득하여 왜 향후 5년 동안 대한민국이 중도보수의 노선으로 국정을 운영하여야 국익이 가장 많이 확보되는지에 대한 설득과 홍보의 장이 남은 기간 동안 더 확장되고 전파되어서 좋은 결실을 맺을 수 있어야 합니다.

지금 후보님을 중심으로 전개되는 '왜 박근혜인가?'란 담론이 정답이고 정도입니다만, 그보다 더 중요한 서민들이 느끼는 처절하고 절박한 국가 어젠다들 앞에서 국민들의 애국 정서를 모으는 일이 저는 이번 대선에서 매우 중요한 승부수가 될 것이란 생각입니다.

약속을 반드시 실천하는 후보, 위기 극복에 항상 앞장서 온 후보, 정치 쇄신을 이끌어 나갈 여성 대통령, 경륜과 정책에서 충분히 준비된 대통령 후보 그리고 마지막으로 국민 대통합의 적임자 등 아주 모범 답안적인 홍보 논리에다가, 앞으로 대한민국이 그려야 하는 위대한 통일선진부국 창조의 길을 가려면, 향후 5년은 중도보수 노선으로 국정 운영을 해야 한다는 당위적인 국정철학을 담은 애절한 목소리로 국민들을 향한 설득의 노력이 있어야 할 것입니다.

　이상적이고 폐쇄적인 민족주의 담론의 위험성, 한반도를 둘러싼 4강의 인식의 변화, 그리고 우리 국민들이 추구하는 성장과 분배의 이중적인 목표 하에서 열정과 헌신의 삶을 구현하고 나라 사랑을 위한 총체적인 공동체 정신의 함양 등 목표는 크고 담대하게 잡지만, 실천적인 측면에선 구체적인 현실성을 무기로 앞으로 남은 기간 국민들을 설득하는 선거운동 기간이 되어야 한다는 필자의 소박한 담론입니다.

　저는 대한민국의 향후 정치 발전과 경제 발전, 그리고 총체적인 사회 발전은 지나친 이상론과 지나치게 수구적인 민족주의 담론에 의존하는, 실체가 다소 부족해 보이는 평화와 진보 논리보다는, 지금은 한반도 주변의 급변하는 국제정치 구도 속에서, 변화하는 세계질서 틈바구니에서 국민들에게 안정감을 주는 굳건하고 도덕적인 리더십을 구현하고 현실성을 담은 정책과 처방으로 다음 5년이 잘 보내져야 대한민국이 더 단단해지고, 불안정한 한반도의 안보 위기도 해소되는 안정적인 국가 발전의 선순환 구조가 확립된다는 믿음입니다. 개방성과 자율성이 보장되는 사회는 굳건한 안보와 공동체 정신의 함양이 없이는 안 되기 때문입니다.

　항상 건강하시고, 선거 기간 내내, 또한 앞으로도 굳건한 애국심으로 무장한 강한 여성 대통령이 될 수 있다는 확신을 국민들에게 얼마나 더 심어 주고, 우리 사회의 소외 계층에게는 얼마나 더 부드럽고 인자한 여성 대통령으로 거듭나는 것인지에 대한 감각적인 선거

마케팅을 해야 할 것입니다.

 그럼 이만 건승을 빌면서, 대한민국의 건전한 중도보수 노선을 주창해 온 한 지식인의 마음을 전하면서…….

 2012. 11. 1

가을 이슬

이젠 인정해야지
가을이 간다고
겨울이 온다고
아무리 부정하고
가는 세월 잡으려 해도
가을 이슬이 하얗게 내리면
가는 가을을 못 잡지
그 누가 잡을꼬.

2012. 10. 31

급변하는 4강의 인식을 견인할 후보는?

　독일의 통일 과정에서도 보았듯이 역사는 우리의 말과 예측으로 올 수도 있지만, 더 많은 경우는 불현듯이 갑자기 찾아온다. 그 누가 독일 통일의 물결이 그리 오리라고, 동유럽의 과거 사회주의권 국가들이 그리 쉽게 붕괴하리라고 예견을 했던가?
　혜안과 철학으로 국민들의 여론을 모으고 아주 종합적이고도 선견지명의 능력을 갖고 견고한 현실성을 기반으로 준비한 지도자들의 몫이 결코 적다고 할 수 없는 것이다. 국론이 통합되고 여야의 정치인들이 자신들의 계파 이익보다는 국가와 민족의 이익을 앞세운 결과인 것이다.
　이러한 차원에서 보면, 지금 한반도 주변의 4강 중에서도 러시아가 한반도 통일을 보는 모습이 얼마나 현실적인 모습으로 우리에게 접목될지 잘 새겨야 할 것이다. 필자는 지난 긴 시간 동안 수십 번의 강연과 칼럼을 통해서 지금은 중국의 지도부가 북한을 끼고 가지만 조만간 한반도 정세에 대한 과감한 인식의 전환이 있어야 중국의 국익에 부합될 것이므로 그러한 준비가 우리 스스로 필요하다는 주장을 많이 하였다.

이러한 측면에서, 최근 러시아에서 한반도 전문가들을 중심으로 한국이 주도하는 한반도의 통일이 러시아의 국익에 부합한다는 의견들을 세미나에서 개진하는 것을 보면서 이제 멀지 않아서 중국의 인식도 서서히 바뀔 것이란 생각을 해 본다. 러시아의 싱크탱크인 국가에너지안보재단이 지난 23일 모스크바에서 개최한 세미나에서도 이러한 러시아 인식의 전환을 확인할 수 있었다.

한반도를 둘러싼 국제 정세가 이리도 가파르게 바뀌는데, 아직도 과거의 수구좌파적인 사고에 매몰되어서 균형적인 학습이 덜 된 이상적인 담론으로 북한 주민들을 더 힘들게 하면서 한반도 통합 문제에서 젊은이들에게 바른 처방을 주지 못하는 정치 세력에게 이 나라를 맡길 수는 없는 것이다.

소련 연방이 해체된 이후, 동유럽의 변혁에 이어서 중앙아시아의 민주화 혁명, 최근 북아프리카와 중동의 민주화 열기 등은 역사의 거대한 흐름이기에 반드시 한반도가 종착점이 되어서 그러한 현상이 한반도에 올 날이 멀지 않아 보인다. 이것이 역사의 순리요, 미래를 보는 한국의 지도자들이 알아야 할 현실 인식이다.

상황이 이러함에도 불구하고, 우리 정부의 정확한 처방과 경고를 한반도의 전쟁론 등 운운하면서 북한의 독재 정권을 옹호하는 발언으로 한미동맹을 폄하하고 종북론으로 통일 담론을 어지럽히는 세력들은 앞으로 한반도 역사의 주체적인 지도 세력이 될 수가 없을 것이다.

이제 중국의 지도부도 러시아처럼 혁명적인 인식의 전환으로 극동 시베리아, 동북3성, 그리고 한반도를 아우르는 거대한 경제협력 지역 창설이 중국의 절대적인 국책 사업으로 대두되면서 한국의 주도하는 평화적인 한반도 통일에 지지를 보내면서 미국과 대화하며 한반도의 북한 독재 정권에 종식을 촉구하는 날이 반드시 올 것이다. 중국이 걱정하는 안보 이익은 자연스럽게 통일된 한국이 중추적인 역할을 하는 동북아 지역의 집단안보 체제가 잘 보장할 수 있을 것이다.

2012. 10. 29

하늘을 향해 입을 벌린 나

가을 하늘이 너무 좋아

오늘은 가을을 이고

내가 하늘을 향해 입을 벌린다

가을바람 입천정으로

소근거리는 소리로 스며들고

속세의 마음은 하늘로 날아가지만

사람의 마음은 사람의 마음

자연의 마음은 자연의 마음

저 산 너머

하늘을 향해 입을 벌린 사람만 보다

내가 직접 누워 하늘을 보니

자연과 나는 하나

하늘과 나는 친구

이 지구는 나의 가족.

2012. 10. 29

지금은 국민들의 균형 잡힌 시각이 필요할 때

　요즘 온통 대선이 과거 이슈로 실종되고 미래지향적인 정책 토론과 현재의 문제점에 대한 대안 제시가 부재하다는 여론이 많다. 문제는 과거의 문제라도 국가의 이익에 아주 치명적인 영향을 미칠 수 있는 사안에 대해서는 국민들이 대소를 구분하고 무게를 달리 측정하면서 그 사건들의 본질을 보아야 한다는 것이다.
　지금 박근혜 후보의 정수장학회 사건과 문재인 후보의 NLL 관련 이슈들이 대선의 핵심 담론으로 뜨고 있지만, 무게의 경중을 따져 보면 아무리 따져 보아도 방위 차원의 국가의 영토를 보호하는 최고 통치권자의 잘못된 인식이 국가적으로 대단히 중차대한 사안일 것이다.

　지금 우리 사회에서는 균형 잡히지 못한 담론으로 국가의 안위가 흔들릴 수 있는 문제도 정치적 흥정거리로 보는 잘못된 흐름들이 있다. 비근한 예로, 민주당의 황주홍 의원이 '평양도 가겠다면서 종편

안 가는 것은 웃긴 일이다', 그리고 민주당의 김 모의원 역시 전쟁 영웅을 민족 반역자로 몰아가는 등 많은 생각을 해 보아야 하는 발언들이 일어나고 있는 것이다. 심도 있게 경중을 가리면서 사안들의 무게를 다시 재고 잘 보는 균형 잡힌 시각이 필요한 시점인 것이다.

우리 사회는 지금 편가르기와 안보 불감증으로 국론이 대선전에서 극도로 분열되면서 나라 일에 옳고 그름을 떠난 극단적인 패거리 의식 구도로 모든 담론이 이루어지고 있는 것이다.

아무리 대선이 복잡하고 얽힌 것처럼 보여도 진실은 하나이다. 어느 것이 국가의 이익에 더 부합되고 후손들에게 더 나은 처방이 되느냐는 아주 명백한 진실을 알아야 하는 것이다.

현실을 무시하고 이상적인 논리와 말로써 정치적 발언을 하면서 우리 사회를 이렇게 갈라 놓은 나쁜 패거리 의식과 반국가적인 간언들은 이번 선거를 통해서 국민들의 현명한 판단으로 반드시 심판을 받아야 할 것이다.

2012. 10. 25

국민들이 감동받는 대선은 없는 것인가?
—북한의 개혁 · 개방을 주장하는 후보가 없는 대선

　아직도 종전(終戰)이 안 된 한반도에서 부강한 대한민국을 이끌어 갈 차기 지도자가 일자리 · 복지에만 연일 올인하면서 한반도가 아직도 전쟁 중이고 휴전 상태에서 신음하고 있으며, 세계에서 군사적으로 가장 전쟁 발발 가능성이 높은 지역으로 평가되고 있음을 애써 숨기면서 표만 구걸하는 행위가 훗날 어떤 역사적 과오(過誤)를 저지르게 될지 알아야 할 것이다.

　필자가 보기엔, 이번 대선 정국의 핵폭탄으로 떠오는 노무현 전 대통령의 NLL 발언 진위 여부를 떠나서 민주적 절차성 차원에서도 진실이 무엇인지 확인하는 절차 앞에서도 합의도 못하는 국민의 대표들을 국민들이 과연 국민들의 대표라고 계속 인정을 해야 하는지도 숙제지만, 그런 사실이 없다고만 주장하면서 여당의 기록 열람 요구를 거부하는 야권의 태도는 더욱더 이해가 가지 않는 현상으로 과거 이조시대 소이(小利)적인 당쟁(黨爭)을 연상케 하는 정치병이라는 생각이다.

국민들의 알권리를 보장하는 헌법 정신에 따라서 국민의 대표들이 합의(合意)하여 열람 후 진위 여부를 가리고 사실이면 관련자들에 대해 법에 따라 책임 추궁이 있어야 하고, 사실이 아니면 잘못 정보를 이야기한 당사자를 처벌하는 과정을 따르면 국민들을 존경하는 정치인의 자세라 할 수 있지만, 지금처럼 문서를 열람하는 것조차도 합의가 안 되는 정치권이라면 국민들에게 버림을 받아도 할 말이 없을 것이다.

북한 문제가 관련되면 우리 사회의 고질병인 남남갈등의 골이 이런 형태로 드러나서 국민들을 불편하게 하는 이 작태는 이번을 계기로 역사와 국민의 심판을 받아야 한다.

필자는 이 대목에서 왜 야권이 이 자료 열람을 거부하는지 이해할 수가 없는 것이고, 그 당시 노무현 대통령의 비서실장으로 남북정상회담 준비를 총괄했던 문재인 후보가 사안 관련 진실을 직접 국민들을 상대로 이야기하지 않는 이유를 묻고 싶은 것이다. 적어도 대통령을 하겠다고 나선 사람이라면 이 정도의 사안을 놓고 역사 앞에 자기 정치철학에 기반한 당당함은 있어야 하는 것 아닌가? 국민의 한 사람으로 진실한 해명과 입장 표명을 촉구하는 것이다.

이런저런 이야기를 떠나서, 이처럼 국가 운영의 1순위인 안보 관련하여 지엽적인 영토 문제보다도 더 큰 북한의 체제 문제와 개혁·개방 문제에 대한 단 한마디의 발언도 없이 비켜 가는 이 대선 정국에서 국민들이 올바른 판단으로 대선 후보들을 평가할 수 있을지도 의문이고, 이러한 기본적인 평가 기준이 부재한 상황에서 국민들이 한 표를 행사한다고 하더라도, 그것은 미완성의 주권행사 행위가 될 것이다.

 야권의 후보가 이 문제에 대해 이렇게 소극적으로 나온다면, 새누리당의 박근혜 후보라도 역사와 순국선열들의 애국충정(愛國忠情)을 몸에 두르고 더욱더 큰 소리로 진실 규명을 말해야 할 것이고, 후보로서도 대한민국을 계속 적대적으로 괴롭혀 온 북한의 독재 정권보다는 일반 북한 동포들에 대한 사랑을 주문하는 북한의 개혁·개방을 주장하면서 공명정대(公明正大)한 선거운동을 해야 역사도 감동, 국민도 감동하여 하늘이 좋은 기회를 줄 것이다. 이 사실을 명심해야 할 것이다.

 2012. 10. 19

민주주의 논리에 충실한 선거운동을 해야
―이젠 새누리당 당의 정체성 보강으로 구조적인 선거운동을 해야

　이젠 박근혜 후보 진영도 어느 정도 선거 조직을 보강하고 선거 구조에서 제도적인 측면이 완성되어 가는 모습이다. 누가 보아도 이제는 보병 전투가 아닌 공중전으로 짧은 시간을 활용하는 방안을 고민해야 한다.

　지금부터 더욱더 중요한 것은 중도보수 정당으로서의 선명한 당의 정체성을 강화하면서 구조적인 표를 다지고 외연을 확장하는 작업일 것이다. 후보 혼자서 아무리 바쁘게 뛰어도 구조적이고 체계적인 선거운동이 없이는 승리를 장담하기 어려울 것이다.

　지나치게 표피적인 공략을 위해 표만 의식한 행보를 하다 보면 사람도, 선거운동 방법도 가장 중요한 기본을 실기하고 위기 상황이 오면 흔들릴 수가 있을 것이다. 포퓰리즘적인 선거를 너무 의식하지 말고 내용이 있는 행보가 더 도움이 될 것이다.

　그래서 지금은 당이 갖고 있는 중도보수 성향의 정체성을 더 강화하는 목소리와 정책 발표를 통해서 선명하고 구조적인 마지노선을

갖고 이미 있는 표에다 앞으로 올 수 있는 표를 더 확보하는 가장 기본적인 전략(戰略)에 충실해야 할 시점인 것이다.

과거 수차례의 칼럼에서도 강조하였듯이, 이제는 진정으로 나라 사랑하는 애국심을 근저에 깔고 중도보수의 색칠을 선명하게 할 때에 앞으로 수시로 닥치는 위기도 돌파하고 종국에 가까스로 승리하는 기회를 잡을 것이다.

이 충언은, 필자가 지난 12년간 정치학자로, 현실 정치인으로 느끼고 체험한 모든 것을 다 융화시킨 필자의 아주 소중한 의견이다. 그래야 인재도 더 모이고 순국선열들도 그 진정성에 감동하여 그 애국심을 사랑하고 대한민국이 바른 방향으로 나아가는 처방을 하게 되는 것이다. 그렇게 하길 바라는 것이다.

2012. 10. 18

낙무

낙엽이 떨어지는 소리가 크구나
가을비가 세차게 내리니
그 내림을 받아 추는 춤
가까스로 안 떠러지려
바둥바둥 힘을 써 보아도
생명이 다하니 떨어지는 것을
가을의 낙무는 서글픈 것
봄의 꽃 춤은 희망
가을의 낙무가 있기에
봄의 희망도 보는 것
그것이 우리들이 사는 세상.

2012. 10. 17

노무현 전 대통령의 반국가적 발언 반드시 국정조사해야

드디어 역사의 수레바퀴는 진실을 말하려고 하고 있다. 불과 몇 년의 텀인 것이다. 이제는 이 모든 것이 사실이라는 전제하에서, 또다시 과거 한 대통령의 이상한 언행에 대해서 진위를 가리고 동시에 역사적 평가와 반국가적인 행위에 가담한 당시 책임자들을 반드시 문책하는 민주적 법 집행 절차를 해야만 하는 때가 오고 있어 보인다.

노무현 정권 내내 그의 실정과 부적절한 대북관(對北觀)을 지적하면서 수많은 글을 언론에 내보낸 필자의 심정은 지금 매우 착잡하다. 올 것이 온 것이다.

우리 사회의 일부 구조적인 모순에 대해 시원시원한 언변으로 일부 국민들에게 한편 인기도 있었으나, 외교안보 분야에선 너무나 일방적이고 낭만적인, 때로는 이적행위에 버금가는 발언(국제사회에서 북한이 핵을 갖는 것은 일리가 있다는 등)으로 애국 시민들을 힘들게 했던 당시 노무현 대통령의 비정상적인 발언들이 다시 떠오르는 것은 우연이 아닐 것이다.

  이틀 전에 국회에서 정문헌 의원이 폭로한 '노무현·김정일 대화 녹취록' 내용은 예상한 대로 너무나 충격적이어서 그 당시 대한민국 군(軍) 최고통수권자의 자질과 국가관이 얼마나 위험수위에 있었고, 이를 추종한 특정 세력들이 대한민국의 안녕과 질서를 얼마나 위협할 수 있었는지를 가늠하는 잣대기에 지금부터라도 명명백백하게 규명하고 나라의 기강을 제대로 세워야 할 것이다.

  어찌 보면 이러한 안보 리더십 하에서 나라가 망하지 않은 것을 감사해야 할지도 모른다. 필자는 그 당시 이 땅의 살아 있는 선비정신을 자임하면서 많은 글로 칼럼과 책(다시 새벽이 오기에, 진정한 동북아의 균형자란, 신부국강병론 등)을 당시의 실정을 비판하면서 내온 아픈 기억들이 생생하다.

  그렇지 않아도 국가의 기강이 해이되고 공직에 있는 고위층 자녀 33명이 국적을 버리고 군대에 가지 않았다는 보도가 부패한 우리 사회의 일면을 보여 주어서 마음이 아픈데, 정 의원의 폭로는, 그것이 사실이라면 국가의 기강을 뒤엎는 역모에 가까운 수준의 매우 충격적인 사건이기에 반드시 규명하여 국가의 기강을 세워 마땅한 것이다.

  야당도 결코 회피하거나 변명을 하는 차원을 넘어서 국민과 역사의 목소리가 준엄함을 인식하고 노무현 정권에서 이러한 대통령의 망언에 일조하고 가담한 고위 공직자들에 대한 국정조사를 적극적으로 수용하여 지금 대권을 잡으려는 세력들이 과거 이렇게 국정을 농단한 세력과는 거리가 있다는 것을 증명하는 것만이 최대의 선거 전략일 것이다.

이것은 단순한 사건이 아니다. 과거 왕조시대로 따지만 역모죄 반역죄에 해당되는 엄청난 파장을 가져올 사건인 것이다. 어떻게 한 나라의 대통령이 대한민국 번영의 토대의 근간이요, 지금 안보의 핵심인 한미동맹을 흔드는 주한 미군 철수 문제에서 김정일 위원장의 발언에 동의하면서 대규모 경제 지원을 약속한 것인지 국정조사를 통해서 명명백백하게 밝혀야 한다.

주요 세 대선 후보들은 지금 대선 정국에서는 경제민주화, 복지보다도 이 문제를 분명하게 인식하고 규명하는 노력을 보임으로써 국민들에게 안보 문제에서 믿을 수 있는 후보라는 인식을 주는 것만이 최대의 선거운동임을 명심해야 할 것이다. 굳건한 안보라는 토대 위에서 경제도 복지도 가능한 것이다.

어떻게 다음과 같은 발언이 대한민국의 대통령의 입에서 나왔다는 것인가?

"NLL 때문에 골치가 아프다. 미국이 땅따먹기 하려고 제멋대로 그은 선이니까, 남측은 앞으로 NLL을 주장하지 않을 것이며", "내가 전 세계를 돌아다니면서 북한이 핵 보유를 하려는 것은 정당한 조치라는 논리로 북한 대변인 노릇을 열심히 하고 있으니까 북한이 나좀 도와달라."

만약 위의 증언이 모두 사실로 판명되면, 노무현 전 대통령은 대한민국의 군 최고통수권자로서 가장 기본적인 자격도 없었던 함량 미달의 대통령으로서 지금이라도 가혹한 역사적 심판대 위에서 그의 부적절한 발언과 통치행위에 대해 철저한 진상 규명을 받고 역사와 국민 앞에 영혼만이라도 석고대죄를 해야 할 것이다. 당시 이러한 부적절한 발언을 묵인하거나 동조했던 사람들을 적법한 절차에 따라 처벌하는 것이 대의를 세우는 길일 것이다.

자라나는 후손들이 보고 있고 호국영령(護國英靈)들이 지켜보고 있다는 것을 국회가 명심하고 반드시 국정조사로 이 문제의 본질을 밝혀 주길 부탁드린다.

2012. 10. 10

가을 허수아비

허수아비는 노란색을 좋아한다
가을 들판의 황금물결을 이고
순진무구한 어린아이처럼
마음을 비우고 사는 농부의 마음처럼
가을 허수아비는 우리의 스승이다
황금 들녘에서 두 손 들어
교통정리도 하고
참새 들새들과 벗이 되어

가을 소풍 놀이도 한다
어쩌면 가을은 허수아비의 세상
도시인들이 찾아갈 고향
가을의 산하는 우리들의 산하
가을 산하는 허수아비들의 세상.

2012. 10. 9

안철수의 정치적 비전은 이상적인 담론

　안철수 후보가 어제 밝힌 분야별 정책 비전을 보니 기존의 정치와 차별화하려는 시도가 커서인지 이상적인 담론 수준에 머무르고 있다는 인상을 받았다.

　그동안 그는 낡은 정치권의 이해관계에 갇힌 한국의 정치 문제를 진단하였기에 무엇인가 혁신적인 방안을 내놓을까 기대했지만, 어제 정치 분야 정책 비전을 보니 아직 정치적인 이해도가 다소 부족함을 느끼는 내용들이 다소 있어 보인다.

　'대통령의 임명직을 현재의 십분의 일로 축소하겠다는 공약과 청와대를 국민 곁으로 이전하겠다'는 생각은, 대한민국의 헌법이 보장한 대통령제의 취지를 아직 완전히 이해하지 못한 대국민 홍보성, 정치 선전성 위주의 공약이란 생각이 든다. 청와대를 국민 곁으로 이전한다는 것이 무슨 의미인지, 차라리 아침저녁으로 국민들의 소리를 더 진솔하게 듣는 메커니즘의 마련이라면 몰라도 일반인보다는 경호상의 의전과 업무상의 독립성을 보장받아야 하는 공간이 지금보다 어떤 형태로 어찌 옮겨진다는 것인지, 의아한 대목인 것이다.

그는 특히 토목공사보다 사람에 투자한다는 담론을 이야기하는데, 국가의 기간 시설이 기본적으로 갖추어지지 않은 상황에서는 토목공사도 사람에 대한 투자 못지않게 중요한 것인데, 이것을 단순한 흑백논리로 이렇게 이야기할 수 있는 것인지, 좀 더 구체적인 답변을 들어야 할 것이다.

그는 정치논리의 가장 기본적인 조건도 부정하면서 한국 정치를 논하고 있는데, '공직 얻을 생각 가진 사람의 선거 지원은 정중하게 사양 한다' 는 대목은 민주주의 의회정치는 권력을 만든 집단이 책임정치를 통해서 집권자의 정치철학과 정책을 실현해 가는 과정이라는 아주 상식적인 전제마저도 부정하면서 매우 이상론적인 접근법으로 정치 혁신을 이야기하고 있는 것이다. 정치적인 의지와 적절한 훈련을 거친 정치적 인재들이 전문적인 관료 집단과 조화를 이루면서 집권 세력의 청사진을 실천해 가는 정치논리를 부정하고 있는 것이다.

필자는 정치학자로, 관료로, 현실 정치인으로 경험하고 분석하고 글을 쓰면서 한국 정치를 느껴 왔지만, 정치 현상이 얼마나 복잡하고 많은 변수들로 이루어지고 이러한 변수들을 잘 조화시키는 기술이 단순한 기성 정치에 대한 반감이나, 이상적인 언어 선택에서 나오는 것이 아님을 실감하고 있음을 말하고 싶다. 객관적으로 현실에 기반해서 연구하고 고민한 흔적이 없어 보인다.

2012. 10. 8

강남 스타일

봄빛에는 주눅이 들다가
가을빛에 번뜩이는 스타일
이 가을빛을 타고 어디까지 가려나
태평양 대서양을 건너
저 북극까지 가서 울리려나
강남 스타일은 대한민국의 저력
이내 승천하는 용의 형상
이내 올라가다 올라가다
겨울의 삭풍을 만나도
계속 승천하는 한반도의 기상
겨울이 와도 북극의 베어 스타일로
겨울이 와도 남극의 펭귄 스타일로
계속 이어지는 강남 스타일.

2012. 10. 8

대한민국이 출렁이고 있다

위대한 대한민국을 만든 역사가 출렁이고 있다. 또다시 실패한 가짜들이 판을 치고 진짜들은 이 모진 시련들을 회피하는 그런 세상이 되고 있는 것이다.

조변석개(朝變夕改)하는 얄팍한 표 계산으로 오늘의 주요 정치인들이 오늘날 대한민국을 있게 한 무겁고 중후한 역사의식과 바른 정치의 중후함을 그저 권력들에 대한 개인적인 욕심으로 헌신짝처럼 버리고 있는 것이다.

이러한 경박한 토대 위에서 언제부터인지 우리 사회는 '양의 탈을 쓴 늑대'들이 마치 정의롭고 합당한 세력처럼 발을 틀고, 오히려 이 나라를 이끌고 더 큰 일들을 해야만 하는 세력들에겐 시련과 혼돈(混沌)의 시간을 주고 있는 것이다.

건전한 민주 시민의 혹독한 의무와 실천윤리가 무시되는 우리 사회가 더 성숙된 민주주의를 한다는 것이 쉬워 보이지 않는다.

그래서 필자는 요즘 민주주의의 단점에 대해서 너무나 많은 사례들을 접하고 있고, 결국 민주주의란 이름으로 표피적인 지식과 판단력으로 정치 선전선동에 휘몰리는 왜곡된 민심이 과연 바른 정치 세력을 만들고 키울 수 있는 것인지에 대한 기본적인 질문도 스스로에게 던져 본다.

우리가 성취한 이 위대한 대한민국을 흠집 내고 지키지 못하는 작금의 우리 사회 내 지도층 세력들은 통렬하게 반성하고 오늘날 대한민국을 만든 순국선열(殉國先烈)들에게 백배사죄하고 지금부터라도 이기적이고 몰가치적인 삶을 버리고, 다시 출렁이는 대한민국을 세우는 작업에 팔목을 걷어 부치고 나서야 할 것이다. 자신의 조그만 이득에 양심과 정의감을 팔지 말고 이 출렁이는 대한민국을 구해야 할 것이다.

이 세상에 문제가 없는 나라는 없지만, 지금 대한민국은 올해 12월의 대선 정국을 전후로 나라의 운명을 가르는 중요한 시점을 맞이하기에 얄팍한 표 계산만으로 국민들을 현혹시키는 잘못된 세력들을 과감하게 응징하고, 진정한 애국심, 나라 사랑으로 자신의 모든 것을 버릴 수 있는 세력들이 더 뭉치고 단합하여 이 출렁이는 대한민국호를 바로잡을 수 있는 정치 세력의 결집에 나서야 할 시점인 것이다.

이 사회의 원로와 지도층들도 이제는 뒷좌석에서 수군거리지 말고, 공공연히, 당당하게 나라의 문제점을 이야기하고 바른 정치 세력을 세우는 일에 매진해야 할 것이다. 그것만이 앞으로 이 나라를 살릴 수 있는 초석(礎石)이 될 것이다.

잘못된 길을 가고 있는 정치권의 아주 경박한 논쟁을 지켜보는 진정한 애국 시민들의 시름이 이 가을과 함께 깊어지고 있음은 우연이 아닌 것이다. 우리 대한민국이 직면한 문제들이 무엇인지에 대해서는 그 처방과 함께 지난 수년간 필자가 이미 언론에 내보낸 1,000여 편 이상의 글에 잘 녹아나 있는 것이다.

그렇게 경고하고 고민하고 걱정해도 이 사회는 전혀 다른 방향으로 가고 있다는 느낌이 자꾸만 드는 것이다.

2012. 10. 4

한가위

한가위는 기다림이지요
보고 싶은 사람들이 있으니까

한가위는 설레임이지요
어린 시절의 추억들이 살아나니까

한가위는 보름달이지요
휘영청 웃는 달을 보니까

한가위는 용서와 화해지요
소원했던 사람들도 다시 만나니까

한가위는 웃음이지요
하늘을 향해 입을 벌린 사람도 웃고 있으니

이래서 저래서
우리는 한가위를 좋아하지요.

2012. 10. 1

박근혜 후보가 문재인, 안철수에게 물어라

아무튼, 이런저런 논란에도 불구하고, 아버지의 과거를 놓고 늦게나마 나름의 정리를 한 박근혜 후보는 역사관, 국가관을 놓고 박정희 전 대통령의 부정적인 유산에 대해 논쟁을 해 온 야권에 대해서도 분명한 질문을 해서 기왕지사 시작된 이 논쟁을 통해 다른 후보들의 문제점도 제대로 전개해 국민들에게 알려야 할 것이다.

일찍이 필자는, 올 초부터 모든 대선 후보들이 경제민주화, 복지, 일자리 창출로 소탐대실(小貪大失)의 표만 추구하는 불균형의 접근법을 포함 잘못된 행태를 비판하는 글을 두 달 전부터 필자의 개인 칼럼을 통해서 이야기했지만, 이제야 국내의 메이저 신문들이 이 문제를 들고 나오니, 매우 늦은 시기에 나온 균형이 잡히지 못한 시기성(時期性)을 보면서 대한민국 정치언론 문화 인프라의 부실함을 보는 것 같아 마음이 안타깝다. 특히, 지난 번 칼럼에서 필자는 이미 6개월 전부터, 올해의 대선은 이미 박근혜 대 문재인, 안철수, 통합진보당, 북한의 4개 변수가 대립되는 구조로 가기에 대한민국의 역사와 건국 정신을 사랑하는 사람들이 이번의 대선 구도를 어찌 보아야 하는지에 대해 기본 구도를 이야기한 기억이 생생하다. 효과적으로 이슈화를 제기하지 못하는 우리 사회의 언론 인프라도 이제는 더 깊이 있는 성찰로 국민들에게 더 객관적으로 명료하게 대선 주자들의 문제점들을 보여 주는 노력을 해야 할 것이다.

작금에 북한이 어선을 서해에서 이례적으로 자주 NLL을 침범하면서 긴장의 분위기를 조성하는 것을 보면서도 언론들이 북한 개입 변수에 대해서 더 자세하게 분석하지 않는 것은 국민들에 대한 큰 직무유기(職務遺棄)인 것이다. 우리 정부의 아주 신사적인 경고에 대해서 적반하장(賊反荷杖)격인 해석을 하면서 국내의 종북 세력과 종북 노선 후보를 지원하고 있는 북한의 태도에 대한 분명한 분석을 내놓고 우리 사회의 남남갈등의 현주소를 아주 객관적이고 투명하게 국민들에게 알려야 할 것이다.

이렇게 미묘한 긴장감이 감도는 대선 정국에서 이제 아버지 문제에 대해서 나름의 입장을 정리하는 박근혜 후보는 천안함을 북한이 폭침시킨 사실조차도 인정하지 않는 통합진보당과 연대를 통해서 대선 전략을 짜고 있는 문재인 후보에게 분명한 의견을 묻고 그의 북한관을 점검하고, 아직도 애매한 언어로 본질을 비키고 있는 안철수 후보에게도 북한 인권 문제와 북한의 독재 체제 문제에 대한 분명한 견해를 들어야 할 것이다.

이러한 중차대한 문제들이 정리되지 않고, 경제민주화, 복지만 이야기하는 모습은 마치 국가 경영의 우선순위에서 몸통은 숨기고 가지만 놓고 민심을 단기적으로 사는 잘못된 처방이란 생각이다.

2012. 9. 27

착각

혹시나 하는 마음에
습관적으로 다시 가는 그 길
그 길은 그 길일뿐
새로운 것이 안 보이는 길
새것이 보여야 바른 길인데
항상 그 길 언저리에서
홀로 서성대면서
잘못된 자신을 발견하는 것
바로 그런 연유로 우리는
스스로 신이 아니라
사람이라고 고백하는 것.

2012. 9. 3

2012 대선의 최종 결정 변수는 무엇인가?

오늘자 조선일보 대선 여론조사를 참고해 보니, 여권의 박근혜 후보와 잠재 야권 주자인 안철수 간의 지지 계층과 지역별 현황 그리고 최근의 변화 조짐 등을 조심스럽게 분석하고 있다.

주요 분석 내용은, 박 후보가 강원과 대선 승부처 충청서 안 원장을 크게 앞지르고 있으며, 안은 호남과 20~30대서 박을 압도적으로 이기는 것으로 나왔다. 또한 20대의 34%는 안에서 박으로 지지를 바꿀 수 있다는 전망을 하고 있고 작금의 5.16 등 과거사 논쟁은 20대에서만 박에게 불리하게 작용하고 있으며, 안정적인 국정 능력은 52:8로 박이 안을 앞지르고 국민과의 소통 능력 측면에선 박이 16%, 안이 49%로 안이 박을 많이 앞지르는 것으로 나왔다.

물론 여권의 전대 이후 박이 전방위적으로 통합과 화합을 상징하는 행보로 대국민 인식의 전환으로 어느 정도 한 달 만에 박이 안을 추월했고, 앞으로도 변화에 대한 가능성이 매우 크기에, 그중의 하나로 수도권의 40대가 지지를 더하게 되는 곳에서 원인을 찾고 있는 것이다.

　대선을 관전하는 가장 중요한 포인트가 몇 가지 있어 보인다.
　지난번에도 필자가 정치평론가적인 입장에서 중요한 사항을 지적했었지만, 그 논리는 대선이 끝나는 순간까지 변함이 없을 것이라는 것이 필자의 판단이다.
　지금 박근혜 후보 진영에서는 수도권의 20~40대가 가장 중요한 결정 변수라는 인식을 많이 하고 있는 것으로 알고 있는데, 필자가 보기엔 그 공략 지점은 노력에 비해서 결과는 기대하는 수준보다 적을 것이라는 점이다.
　오히려 박근혜 후보 입장에서는 지금 과반수 이상의 지지층을 확보하고 있는 충청도가 더 큰 변수가 될 것이다. 아마도 필자가 충청도에서 태어나고 유년기를 보낸 후, 대전에서 청소년기를 보내고 지금도 그곳의 정서를 많이 접하기에 이러한 글을 쓸 수가 있을 것이다.

　역대 이회창 대 김대중, 이회창 대 노무현 대선전에서 마지막 순간에 표를 가른 것은 충청권이었다. 이번 대선도 박빙의 싸움이기에 이 구도는 같을 것이라는 것이 필자의 생각이다.
　더군다나, 야권의 후보가 확정되고 안철수 씨가 야권과 연대가 가시화되면 강원도와 충청도는 매우 박빙의 접전 지역으로 탈바꿈될 것이고, 야권의 젊은 층을 향한 박근혜 후보를 겨냥한 네거티브 공세가 강화되면 박 후보 측에선 수도권의 20~30대를 향한 공략이 기대만큼 매우 어렵다는 것을 알게 될 것이다.

행동력이 있고 사회 참여의 기운이 큰 젊은 층은 마지막에 투표장에 가는 비율이 역시 야권 후보군의 지지로 갈 확률이 더 클 것이다. 그래서 지금부터 충청권을 누가 선점하고 그 기세를 막바지 대선 투표일까지 끌고 가느냐가 역시 이번 대선의 혈이 된다는 것이 필자의 생각인 것이다. 충청도 중에서도 야권의 기운이 더 강한 충남 지역을 선점하는 것이 매우 중요한 포인트가 될 것이다.

2012. 8. 29

폭풍 전야

고요의 아침이 무슨 언어

까치 소리가 청명하며

풀벌레도 울어 대니

그저 평화던가

볼라벤이 오기 전에

정중한 맞이를 위한

자연의 교향곡인가

거세고 거센 힘이 일어나서

이 고요와 평화가

흔들리면 안 되는데

폭풍 전야는 평화가 아니다

무서움을 동반한

잠시의 휴식일 뿐.

2012. 8. 27

이젠 현실성 있는 답을 해야 할 후보들
―문재인 후보는 북한을 어찌 보는가

　어제 민주통합당의 공식 후보로 선출된 문재인 후보는 수락연설에서 일자리, 복지, 경제민주화, 새 정치, 평화공존이라는 추상적인 언어들을 사용하면서 집권 후의 청사진을 밝혔다. 안철수 후보와의 연대를 염두해 둔 책임총리제까지 제안하는 그의 모습에서 오늘 민주당이 독자적으로 대선에서 승리할 수 없는 구조를 보는 것 같아서 여러 가지 생각을 하게 한다. 그중에서도 평화공존은 아주 모호한 개념인 것이다.
　사실 과거 노무현 집권 세력의 적자로 당의 지지를 받으며 후보가 된 문재인 후보는 무엇보다도 노무현 정권의 공과에 대해서 분명한 입장을 밝히고 국민들에게 이해를 구하는 것이 도리일 것이다. 박근혜 새누리당 후보가 박정희 대통령의 그림자에서 자유로울 수가 없듯이 문 후보는 노무현 대통령의 그늘에서 결코 자유로울 수가 없기 때문이다.
　국민들은 노무현 대통령이 현실성이 떨어지고 이상론이 앞서는 현란한 언어로 국정 운영의 혼란을 초래한 많은 사실들을 아직도 기억하고 있기 때문이다. 바로 5년 전에 이명박 대통령을 당선시키는 일등공신은 노무현 대통령의 국정 운행 파행이었다는 것이 필자의 생각이다. 이상론적인 종북 노선은 국가의 이익과는 반대의 개념이기 때문이다.

지금부터 국민들은 박근혜, 안철수, 문재인 후보들로부터 국가의 주요 현안(懸案)들에 대해서 상징적인 언어가 아닌 구체적인 명확한 언어 선택을 기대하고, 그들이 후보로서 구조적으로 갖고 있는 문제점들에 대해서 명확한 입장 표명을 기대하고 있다. 평소에 연구하고 고민한 응집된 나라 사랑의 표석을 보여 주길 기대하는 것이다.

특히나, 문재인 후보는 얼마 전 19대 총선에서 통합진보당과의 연대를 통해서 통합민주당이 취한 미국 및 북한에 대한 관점이 어떻게 변했고 변할 것인지에 대해서 더 명확한 입장을 내놓아야 한다. 한미 FTA와 제주 해군기지 건설마저 문제 삼는 통합진보당의 견해를 아직도 민주당이 얼마나 수용하고 한미동맹 해체까지 주장하는 그들의 구호에 대해서 어떤 입장을 갖고 있는지 밝혀야 한다.

경제민주화보다도 우선순위로 자신의 솔직한 입장을 밝히는 것이 순리일 것이다. 새누리당의 입장과는 달리, 북한의 인권 문제 제기를 반대하는 통합진보당의 입장을 수용하는 후보인지, 지금도 대한민국의 진보 세력으로 위장하고 반미종북을 추종하는 세력들과 대선 과정에서의 연대 여부도 분명하게 밝혀야 할 것이다.

이제 대선 후보들은 당장 눈앞의 표만 되는 경제문제보다도 국가의 안보가 더 소중하고 더 중요한 문제라는 인식을 갖고 어떻게 북핵을 풀며, 북한 정권의 미래에 대해서 어떤 생각을 갖고 있고, 한반도 주변의 4강과 어떻게 통일 과정을 열어 간다는 아주 구체적이고 현실적인 답을 스스로 해야 할 시점이다.

5개의 문을 열어서 소득 3만 불, 인구 8,000만 시대를 연다는 아주 이상적인 논조는 국민들의 현실성만 떨어트릴 것이다. 아주 먼 이야기를 5년의 대통령이 하겠다는 것인가? 논리적인 수사만 갖고는 한반도 문제가 풀릴 수도 없고 오히려 역사는 엉뚱한 방향에서 갑작스레 전개될 수가 있기 때문이다. 독일 통일 과정에서도 갑작스런 역사의 전개 길목에서 준비된 서독의 제도와 체제 그리고 콜 수상의 정확한 판단과 리더십이 통일의 기회를 제대로 소화하고 통일로 승화한 사례는 우리에게 매우 적실성이 큰 사건인 것이다.

참모들이 써 준 메모 수준이 아니라 스스로 연구하고 고뇌한 문제점을 내공으로부터 끄집어내어 설득력 있는 언어로 국민들에게 모범 답안을 내놓고, 당장의 일자리, 복지 문제도 중요하지만, 안보 문제가 얼마나 더 중요하고 어려운 문제인지를 끈질기게 이야기하면서 국민들의 이해를 구하고 바른 여론을 만드는 작업에 많은 시간을 할애하기를 바라는 것이다.

후보들이 아무리 좋은 언어로 포장을 해도 현실이 뒤따르지 않고 국익을 보장하지 못하는 위험한 정책은 오히려 국가에 독이 되기 때문이다. 그래서 필자는 대한민국의 대통령을 하겠다는 사람들은 표가 안 된다는 인식을 더 하더라도 안보 문제, 남북 문제를 가장 우선순위에 두고 국민들과 대화하는 현실성과 신뢰성을 보여 주어야 한다는 생각이다. 이제부터는 진검승부를 해야 할 것이다.

일거수일투족 모든 판단의 기준은 대한민국이라는 국가의 국익이지 파당의 이익이나 개인의 이익이 아니기 때문이다. 준비가 안 된 후보는 스스로 성찰하고 내려오는 것이 자신과 역사를 위해서 좋을 것이다.

2012. 9. 17

무당춤

다시 폭풍이 온단다

선무당이 하늘에서 춤사위를 저으니

이내 회오리바람이 이는구나

그 누가 부른 태풍이던가

선무당이 부른 태풍이던가

저리 허공에서 새벽에

휘젓는 저 폼이란

참으로 한이 서린

선무당의 살풀이구나

오라 그래서 태풍이 오는구나

저 선무당의 설움 때문에

무슨 설움이지 저리 큰 설움

다시 폭풍이 운다

저 춤사위하는 선무당부터

달래고 추스려야겠다.

2012. 9. 17

박근혜 후보가 넘어야 할 역사의 산

최근 새누리당의 대통령 후보인 박근혜 후보가 인혁당 관련 발언을 놓고 이런저런 논쟁이 한창이다. 박정희 대통령이 대한민국이 근대화와 민족 중흥을 이끈 위대한 정치인이었다는 아주 객관적인 역사의 평가와 더불어서 군부 독재라는 유신(維新)의 그늘에서 민주적인 권리가 일부 유보되는 과정에서 희생된 분들의 아픔도 동시에 살펴보아야 한다. 이 나라의 대통령이 되겠다는 후보로서 이 대목에서 그 가족들에게 도의적인 차원에서 한 번쯤은 진심 어린 사과를 하는 것이 도리에 맞다는 생각도 해 본다.

그러나 그것이 반복되는 것도 옳지는 않을 것이다. 박정희 대통령의 혈육이지 그 자신은 아니기 때문이다. 제한적인 이야기이지만, 필자가 성인이 된 이후 삶을 대한민국 땅에서 살아오면서 박정희 대통령의 공은 매우 크게 느끼고 있지만, 어린 시절 그가 집권한 유신 권력의 어두운 폐해는 당시 어린 나이여서 그런지 그 평범한 서민의 가정에서 큰 사람으로선 많이 느끼지 못했다는 점이다. 그 시기에 민주화운동을 한 분들은 많은 제약 요인들이 있었을 것이다.

  대한민국의 헌정 질서를 민주주의 관념에 반(反)하게 한국식 민주주의란 이름으로 일정 부분 독재와 권위주의로 끌고 간 부정적인 역사도 역사이고 이 또한 그 시대를 살아온 국민들과 후대의 사가(史家)들이 정당하게 평가를 할 것이지만, 일단은 그 시기에 고통을 받았던 사람들이 있었다면 마땅히 원론적인 사과를 통해서 과거 역사의 아픔은 이 시대의 지도자들과 국민들이 나누어야 할 것이다. 이미 그렇게 한 것 같지만 앞으로도 이 원칙은 지켜져야 할 것이다.

  그 당시 미소(美蘇)가 대치하는 동북아의 냉전 구도 속에서 반공(反共)을 국시로 북한의 가부장적 독재 정권과 대결하면서 민주주의 논리로만 대한민국을 이끌어 왔다면 지금과 같이 눈부신 산업화, 근대화의 성과를 우리 후손들이 누릴 수 있는 것인지에 대한 객관적인 성찰을 아주 정밀하게 하다 보면 민주주의의 가장 큰 토대인 경제적 풍요라는 대목을 어찌 소홀히 평가할 수 있겠는가?

  그러한 상황에서 북한의 사주를 받고 대한민국을 적화한다는 전략을 실천하는 차원에서 우리 사회의 혼란을 부추기는 세력들이 민주화란 이름으로 둔갑하고 북한의 더 잔인한 독재는 거론 않고 우리의 군사독재만 비판했다면 이 또한 다른 생각을 해 볼 수 있는 대목인 것이다.

  여기에다 과거의 역사를 오늘의 잣대로만 보지 말고 그 당시의 시대성을 감안하여 박정희 시대의 국내외적 시대 상황을 염두하고 평가를 해 본다면 좀 더 객관적인 평가가 가능할 것이다.

아마도 박근혜 후보가 넘어야 할 거대한 역사의 산은, 아버지대의 일부 역사의 아픔을 당당히 인정하는 용기와 더불어서 그가 이룩한 세계사에 길이 남은 기적적이고 엄청난 업적은 당당하게 그리고 시대성에 입각해서 인정하는 진실된 바탕 위에서 정복된다는 것이 필자의 생각이다.

2012. 9. 14

그리움

사람의 마음이 평상심을 떠나
잠시 추억 속으로 걷다 보면
문득문득 그리움이 오지요
분주한 문명으로 얼룩진 삶 속에서
평시에 잊고 살던 그 추억들
가을이 오는 길목에선
그 그리움이 느껴지네요

삶이 여름 내내 무성함을 다하고
이제는 땅속으로 가는 것을
서서히 준비하는 나뭇잎들을 보니
불현듯이 아주 천천히
말로를 그리움이 밀려오네요
아주 원천적인 곳을 향한
그리움이 강하게 밀려오네요
우리 모두가 갖고 있는
아주 원천적인 그리움이네요.

2012. 9. 12

제4부

살신성인의 위대한 정치 지도력

모든 대선 주자들은 오직 진실과 애국의 언어로
이 나라의 문제를 진단하고 그러한 처신으로 지금처럼 어려운 시기를
현명한 지도력으로 함께 돌파해 나가야 할 것이다.
우리는 바로 이러한 살신성인의 위대한 정치적 지도력을
갈구하고 있는 것이다.

새야 새야

새벽의 먹구름 하늘을
날아가는 새야
기어코 날아오르는구나
온갖 힘을 다해
저 검은 구름 치고 올라
태양이 솟는 곳으로
광명을 찾아가는구나
혼자만 가지 말고
나도 같이 가자구나
너 만큼한 자유를
그 누가 지금 누리리
어둡고 음침한 하늘 아래
이 사람 산 세상은
너의 참자유를 그리는구나.

2012. 9. 3

일본은 도덕적으론 3류 국가

일본이 최근 각종 스포츠 경기장에 일본 군국주의의 상징인 욱일승천기를 들고 환호하는 군중을 아주 자연스럽게 여기는 모습에서 일본이라는 나라의 도덕성을 되새겨 본다.

군국주의의 상징으로 극우 단체의 회원들만이 애용하던 깃발이 최근에는 일본 국민 사이에 횡행하면서 사회 전반으로 확산되는 것은 그 깃발 아래서 수백만 명이나 학살이 자행된 과거 일본의 무력 침탈사에 대해서 반성도 없이 국민들의 정서가 과거의 전쟁을 미화하고 그런 방향으로 기울고 있는 증거인 것이다.

이러한 일본의 모습은 과거 그들이 저지른 전쟁에 대한 반성은 전혀 보이지 않고, 다시 군국주의적인 민족주의로 동아시아를 대결 구도로 몰아가는 아주 안 좋은 사례가 되고 있는 것이다. 더군다나 일본의 자위대가 오늘에도 욱일승천기를 공식 군기로 사용하고 있는 사실은, 독일이 2차대전에서의 만행을 처절하게 반성하고 나치 깃발의 사용을 철저하게 금지하고 있는 것과는 너무나도 대조적인 것이다.

　독일이 저지른 학살 만행에 대한 독일 정부와 국민이 진심으로 사죄한 과거와는 대조적으로, 이 깃발 아래 수많은 아시아인들이 학살되었을 뿐만 아니라 그들 국민들도 전쟁의 희생양으로 많은 고통을 받은 사실을 은폐하고 반성에 대한 언급은 그 어디서도 찾아볼 수가 없는 것이다.

　그렇지 않아도 동북아시아에 신냉전 구도가 고착화되는 시점에 일본의 이러한 유치하고 비도덕적인 일탈행위는 앞으로 동북아 지역의 평화와 안정과는 역행하는, 매우 불길한 3류 국가의 비이성적인 행동이라는 사실을 알아야 할 것이다.

　2012. 9. 3

문명

오늘 우리들이 당연히 하는 것들
문명이라는 이름으로 당연히 하는 것들
언제부터인지 역사 속에서
전쟁도 당연시하고
갈등도 당연시하는
약육강식의 문명이 되었는지
논리로는 바른 문명을 말해도
아직은 바로잡지 못하는
우리 인간의 문명
그 문명을 바꾸어야
지구도 살고 사람도 영원히 살 것
바꾸지 않고 계속 가면
우리들의 모습은 또 그 모습
불공정이 살아가는 세상
부정의가 판치는 세상.

2012. 9. 2

〈각시탈〉의 독립군 정신을 배워라

휘황찬란한 언어 뒤에는 공허한 메아리가 많이 치게 마련이다. 대선 후보들이 자신의 언어가 아닌 타인이 준비한 남의 언어로 좋은 말은 많이 하지만, 그 언어에 무게가 실리고 진실성이 국민에게 제대로 전달되기 위해서는 많은 노력과 시간을 요할 수가 있다. 진정으로 국민과 함께하는 후보라면, 참모들이 써 준 내용을 잘 소화하여 그 언어에 힘을 싣고 국민들을 더 실하고 정감나게 상대할 것이다.

요즘 세간에 화제가 되고 있는 허영만 화백이 만든 만화 〈각시탈〉을 극화한 한 대중 연속극이 많은 인기 속에 지금 거의 절정의 흐름을 보이고 있다. 필자도 요즘 관심을 갖고 부쩍 그 드라마를 챙겨 보곤 하는데, 그러한 마음의 언저리에는 그 드라마에서 주인공 이강토를 중심으로 양백 등의 주요 독립군들이 보이는 살신성인(殺身成仁)의 애국심에 스스로를 대입하면서 현실 참여의 제한성을 그렇게라도 하고 있는 것이 아닌가 하는 생각이 든다.

작금의 독도 분쟁, 위안부 문제 등을 생각하면서 이 드라마를 보면, 일제시대 피눈물을 흘리면서 가족의 아픔도 다 감내하면서 나라를 위해 싸운 그 독립군들의 후예들이 이 땅에서 제대로 대접을 받고 민족의 정기(精氣)를 고양하고 있는 것인지 스스로 자문하지 않을 수가 없는 것이다.

이러한 맥락에서, 필자는 지금 12월의 대선에서 국민들의 선택을 받으려는 사람들은 애국심으로 더욱더 치열하게 자신을 무장하고 반대한민국 세력들과 일전을 각오해야 할 것이다. 일제 치하에서 모든 것을 버리고 나라의 독립을 위해서 헌화하신 그 선열들의 정신을 진심으로 되새기고 그러한 삶을 이 분단 구조에서도 현실에서 제대로 구현하는 매우 고된 삶을 살기를 고대한다.

지금처럼 국가의 운명이 가파르게 변하는 시점에서, 가슴속은 항상 애국심으로 철철 넘치는 자신들의 모습들을 하루하루 연상하면서 국민들 속으로 더 들어가기를 바라는 것이다. 그러한 후보만이 제대로 된 역사를 쓸 자격이 있는 것이다.

형식과 위선의 가면이 아닌 진정성과 애국심을 온몸으로 체화하고 내면화하는 스스로의 고된 정신훈련 과정이 이제는 현실적인 적용 과정으로 연결되어 대한민국만이 모든 것이라는 확고한 신념으로 그러한 작업을 하길 바라는 것이다.

온 국민들이 그렇게 바라고, 온 역사가 그렇게 바라고 있는 것이다.

2012. 8. 31

아침

저녁을 보내고
잠을 자고 나면
항상 새로운 아침이 열렸네
때론 해가 솟고
때론 비가 오고
때론 구름이 끼며
폭풍우도 치지만
새로운 세상이 우릴 맞아
새로운 삶을 보장하지요
오늘도 어제와는 다른 삶
내일은 오늘과는 다른 삶
그리 살다 보면
백발이 되어서
어느새
우리 모두가 태양이 되고
구름이 되고 비가 되어
폭풍우에 영혼만 실어
자연이 될 터인데.

2012. 8. 26

순수한 애국심을 잡아야 대통령이 된다

깊어 가는 민생의 파고에 정치인들이 하는 말과 행동에 국민들이 점점 더 식상해한다. 작금의 크고 작은 정치 행사들이 정치하는 사람만의 잔치로 전락되고 있고 국민적인 역량을 결집하는 후보들의 지도력이 아직은 구체화되고 있지 않다. 앞으로도 구체화될 것인지 의아해하는 사람도 많다. 언론사들이 이런저런 보도를 하지만 대다수 국민들은 외면하고 있는 현실을 보아야 한다.

문제는, 정치인들이 국민 모두를 상대로 하여 모호한 노선과 선명하지 않은 언어와 노선으로 피아(彼我)를 구분하지 않은 채, 두루뭉술하고 좋은 언어로만 자기의 정체성을 이야기하고 정치 지평을 확대하려는 노력만 경주한다면, 자칫 어느 특정 시점에 허망한 결과를 갖게 되어서 본인 스스로도 누구를 위한 정치를 왜 하게 되었고 정말로 그렇게 해 온 것인지에 대한 근본적인 문제까지 성찰하면서 심각한 자가당착적인 질문을 할 수 있는 개연성이 높다는 데 있다.

필자의 생각엔, 아무리 보아도, 국민 대통합의 명분과 이론은 좋지만 대한민국과 같이 이미 지역으로, 이념으로, 세대로 갈린 정치 지형에서 듣기 좋은 정치 구호가 명분 이상의 얼마나 많은 실익이 있는 것인지 곱씹어 보아야 한다는 사실이다. 전략과 전술이 실체를 지배하면 겉돌기 때문이다. 안철수 씨가 대통령이 된다는 야심과 전략적 판단에 앞서서 애국심으로 자신을 스스로 다시 돌아보는 자세로 투명하고 솔직한 시각을 갖고 일반 시민들의 애타는 마음을 겸허히 생각한다면, 당연히 대통령직의 무게와 소중함을 열 번이라도 다시 인식하고 정정당당히 무대에 나와서 검증을 받고 그 자질을 스스로 보다듬어야 할 것이다.

전략과 계산과는 무관한 일반 애국 시민들의 열정과 나라 사랑의 자세를 가볍게 보고 대다수의 국민들이 정치적으로 조직이 안 되고 모래알처럼 흩어져 있다는 이유로 자기만의 길을 고집해선 안 된다. 무언의 행위로 전략이나 챙기고 일반 국민들의 일반 정서를 가벼이 여기면, 그러한 행위에 매몰된 특정 후보에게는 다가오는 12월에 쓰라린 패배만이 기다리고 있을 것이다.

그래서 필자는 모든 대선 후보들이 역사의 순리나 하늘의 뜻이 무엇인지 스스로 대한민국이라는 운명 앞에서 더 고민해 보길 바라고 있다. 진정으로 준비가 된 것인지? 과욕이 앞서는 것은 아닌지?

지금처럼 중차대한 대한민국의 운명을 결정짓는 대통령의 자리가 꼼수나 술수로 결정되지는 않을 것이다. 하나부터 열까지 뜨거운 애국심과 살신성인(殺身成仁)으로 점철된 구국의 자세만이 그것을 가능하게 할 것이란 판단이다.

새누리당의 박근혜 후보는 국민 대통합이니 남북 화해라는 기술적인 수사(修辭)보다도, 내심 우선순위는 치열한 애국심을 스스로 점검·단련시키고 일반 국민들의 애국심과 접목시키는 순수하고 열정적인 모습과 노력으로 모든 국민 앞에 더 낮은 서민의 자세로 나서야 중간지대 층의 표와 중립지대인 충청도의 표를 더 가져와서 궁극적인 승리를 답보할 것이다. 경제민주화는 구호가 아닌 자세와 정책의 문제지만 국민들의 애국적인 정서와 연결되는 것이 더 중요하다.

노무현 정권 말기의 남북 협력을 위한 '10.4합의'의 진정한 본질이 무엇이고 국가 예산이 어느 정도 그러한 실천을 보장할 수 있는지에 대한 구체적인 분석이나 자료는 없고 그 정신을 계승한다는 모호한 접근 자세는 애국 시민들의 마음을 불안하게 하고 그나마 그동안에 잘 다져 온 지지 기반의 본류마저 균열시키지 않도록 더 신중한 접근이 요구된다.

남북 협력을 부정하는 사람은 아무도 없지만, 그 시기와 절차 방법에서는 많은 차이를 노정하고 있는 한국의 각박한 국민 정서를 보면 그러한 노선의 본질을 하루빨리 더 구체화해서 내놓아야 할 것이다.

아무리 국민 대통합의 정신과 용어가 좋아도 제주 해군기지 건설을 반대하고 한미 FTA를 무조건 반대하는 일부 반대한민국 세력들과 민중을 빙자하여 반대한민국 활동을 일삼는 일부 세력들에게는 추호와 같은 논리를 제시하여 그들의 잘못을 지적하고 그러한 흐름을 걱정하는 70% 이상의 대다수 애국 시민들의 단결을 호소하는, 담대하고 애국적인 길만이 대통령 선거의 정도일 것이다. 가까운 측근들이 이 문제의 본질을 더 보아야 할 것이다.

2012. 8. 24

저녁 비

아침 비
저녁 비
같은 물줄기나
묻힌 사연은 별개
아침 비는 소망의 비
저녁 비는 휴식의 비
내일 또 비가 오면
그 비는 무슨 의미

아마도
기다림의 비

또 다른 희망의 비
오늘 비를 뒤로하고
내일 비를 기다리네
고단한 마음으로
설레는 마음으로
이렇게
이제나저제나.

2012. 8. 21

어렵다고 또 비켜 가는가?
더 중대한 국가 어젠다를 생각해야

여름휴가철이 끝나고 본격적인 대선 정국의 시작이 예고된다. 오늘은 새누리당 대선 후보가 확정되는 날이고 민주당은 내달 23일의 최종 후보 확정을 위한 일정에 본격적인 레이스를 걸고 있다.

무척이나 중요한 2012년의 대선 게임을 앞두고 필자의 가슴은 허전하기 그지없다. 대한민국의 대선 정국이 경제민주화보다 더 중요한 문제들을 애써서 외면하기 때문이다. 분단국가에 살고 있는 현실을 외면해야 표가 더 되는 잘못된 사회 분위기에서 젊은이들에게 교육이 잘 안 되고 있다.

많은 사람들이 이야기하지 않았던 대한민국 현대사의 아픔의 본질을 필자는 이미 2004년부터 많은 글을 통해 여기저기서 발표했지만, 웬지 그 당시는 이러한 문제들에 대해 관심을 덜 보이던 대한민국의 주요 언론들이 이제야 이 문제가 나라의 중요한 문제라고 떠드는 모습은 일부 잘못된 민주주의의 토대를 갖고 있는 대한민국의 현주소를 보는 것 같이 서글픈 생각도 든다. 지난 번 통합진보당 사태 이후야 언론들이 이 문제를 본격적으로 조명하기 시작한 것이다.

그러나 대한민국의 지식인으로서 서글퍼 할 시간의 여유도 없어 보인다. 대한민국이 앓고 있는 중병이 더 곪아 터지기 전에, 우리 사회에 만연한 반대한민국 세력들의 확산을 방관하고 정치인들이 표를 핑계로 회피한다면, 바른 역사의식을 가진 지식인들이라도 계속 떠들고 이야기하면서 정치권의 잘못들을 탓해야 하기 때문이다.

이러한 중차대한 문제 앞에서 대한민국의 정론(正論)을 설파해야 하는 선비들이 권력을 위해서 아부하고 잘못된 언어로 본질을 호도하는 길을 걸어서는 안 된다.

주말에 사극 〈무신〉이란 드라마를 보니, 고려 시대에 무신 정권의 전횡이 극에 달해 잘못 세운 도방의 지도자 최항을 향해 쓴소리를 하는 목숨을 건 한 충신의 정기(精氣)를 볼 수가 있었다. 당시 몽고와의 오랜 전쟁으로 강화로 천도한 최우의 후계자로 서자인 최항이 옹립되는 과정에서 결정적인 역할을 한 별장 김준의 목숨을 건 충정 어린 충언들이 사극에서 보여진 것이다.

필자는 자연스레 그 당시의 상황과 분단의 문제를 풀어야 하는 오늘날의 한국 정치판을 비교해 보면서 유력 대선 주자 주변에 그러한 충신들이 얼마나 있고 얼마나 충언을 하면서 제대로 대통령 후보들을 보좌하고 있고 나라를 위해 헌신하고 있는지 비교해 본 것이다.

권력 쟁탈을 위해서 잘못된 처방을 앞세우고 있는 것은 아닌지? 후보들에게 소탐대실의 소인배적인 길을 권하면서 자신들의 이득만을 취하고 있는 것은 아닌지?

지금 우리 사회에서 생계형 서민들이 증가하면서 먹고사는 민생 문제가 서민들에게는 더 크게 와 닿지만, 나라의 튼튼한 생존을 생각한다면, 더 큰 문제가 필자의 눈에는 다른 곳에 도사리고 있어 보인다. 이러한 진실을 알려야 하는 글쓰기를 통한 국민운동은 아무도 알아주지 않는 매우 힘들고 지리한 무언의 정신운동이다. 권력은 속성상 이러한 운동을 하는 정신 세력들을 우대하지 않고 항상 견제하면서 간신들을 가까이 두고 교언영색(巧言令色)으로 나라도 망치고 자신도 망치는 역사를 우리는 수없이 인류사에서 보아 왔다.

오늘의 대한민국이 이러한 면에서 예외가 될 수 있는가? 지금 여야의 대부분 대선 후보들은 이념의 시대는 갔으니 이제는 복지 확대를 중심으로 민생에 힘쓴다는 대선 메시지가 주류를 이루고 동북아의 신냉전 구도를 외면하면서 북한이 호전적인 대남 자세를 버린 것처럼 평화 무드를 앞세우며 취약한 대한민국의 안보 문제는 등한시하고 있는데 이거야말로 망국적인 선거 포퓰리즘이 아니고 무엇이란 말인가?

제주 해군기지 건설 문제도 제대로 국민을 상대로 설득하지 못하는 후보들이 대한민국을 위한 좋은 대통령이 될 수 있는가? 독도라는 진실 앞에서 현실적으로 해군력이 약한 대한민국이 도덕성과 논리만으로 국제사회에서 승자로 자리매김한다는 보장이 있는 것인가? 구호와 허상이 아닌 실체와 힘만이 최후에 승리를 담보하는 세계사의 변천사에서 대한민국만이 예외가 될 수 있다고 주장할 것인가?

최근에 불거진 독도 문제도 당연한 우리의 영토지만 힘을 전제로 한 국제정치의 냉혹한 현실에 대한 우리의 준비 부족도 스스로 돌아보는 계기가 되어야 한다.

주요 대선 주자 주위엔 이러한 문제의 본질을 말하고 남남갈등의 원인을 분석하면서 해결해야 된다고 주장하는 충정의 책사들이 없거나 적은 모양이다. 그렇지 않고서야 이렇게 표만 의식하고 가장 중대한 나라의 문제를 외면할 수 있단 말인가? 속으로는 준비하는지 몰라도 대한민국을 반대하는 국내의 잘못된 세력들을 상대로 선전포고를 하는 후보는 한 명도 없는 것이 현실이다.

대한민국에 진정한 어른들이 있고, 원로들이 있다면 이래서는 안 되는 것이다. 내가 아는 많은 분들이 나라를 위해 주야로 애쓰고 있지만, 아직도 대다수는 진실을 외면하고 자신의 주변만을 의식하고, 나라를 위해 충언을 하는 역사의식과는 거리가 먼 기득권 위주의 소인배적인 삶을 살고 있는 이들이 더 많다는 생각이다.

세상의 모습이 이러하다 보니, 오죽하면 이 땅의 젊은이들이 준비가 부족해 보이는 안철수 씨와 같은 분에게 지지가 옮겨 가고 있는 것이 아닌가? 정치에 대한 혐오, 기득권 세력에 대한 반감 및 부패의 만연, 미래에 대한 희망의 상실, 북한 변수의 위험성에 대한 교육의 부재 등으로 보아야 할 진실을 제대로 보지 못하는 젊은이들을 훈육하고 인도할 대안을 갖춘, 제대로 된 함량 있는 정치 세력을 우리가 어떻게 마련하고 창출해야 하는가? 말은 쉬워도 실천은 천배는 어려울 것이다.

참으로 큰 고민이 아닐 수가 없다. 조중동, KBS, MBC, SBS 등을 비롯한 주요 언론 매체들이 나라의 가장 근본적인 문제에 공간과 지면을 더 할애하고 표피적이고 자극적인 감성에 지나치게 의존하는 시청률 위주의 프로그램이나 지면 편성을 줄이면서 새로운 국민 여론을 만드는 것도 중요하다. 나라의 근본적이고 심층적인 문제들을 다루지 않고 인기가 없다는 이유로 애써서 비켜 가는 글과 방송으로 국민들이 제대로 된 역사의식을 갖지 않는데 조금은 일조하고 있다는 것이 필자의 생각이다. 다시 짜고 우선순위를 바꾸는 것이 필요할 것이다. 권력을 의식하지 말고 진실을 말하는 언론의 기본 윤리를 되돌아볼 때인 것이다.

 이번 대선 정국에서 큰 변수로 서성이고 있는 안철수 씨도 지금 대한민국에 이념이 필요한가라는 질문에 대하여 남북한의 현실에 대해 심도 있는 연구와 이해가 결핍된 자세로 비켜 가는 모습이지만, 지금까지 말한 것을 토대로 보면 다소 부적절한 생각을 하고 있는 상황에서, 필자와 같이 나라 문제의 본질에 더 관심을 갖고 있는 지식인은 그에게 후한 점수를 줄 수가 없을 것이다. 아직도 세계사에서 유일하게 분단의 구조를 갖고 있는 신냉전 시대의 도래가 시작되는 대한민국은 이념은 매우 소중한 국가 윤리로 작동할 것이기 때문이다. 후보들이 스스로 준비가 덜 되었다고 자백하는 것이 아니고 무엇인가?
 민주적 다양성을 먹고 사는 민주주의라도 나라의 토대인 안보와 경제를 떠난 사회 균열의 문제에 대한 근본적이고 치열한 인식이 부족한 후보들이 이 나라의 대통령이 된다면 나라의 가장 중요한 문제는 더 악화되고, 감당을 책임질 수 없는 수많은 예산이 소요되는 인기성 정책과 선심성 공약만이 국민들의 관심이 되고, 정작 나라의 가장 중요한 무형의 자산인 역사의식과 안보 인식은 서서히 사라지게 되어서 그 큰 피해는 고스란히 우리 후손들이 지게 될 것이다.

나라의 살림이 어렵다고 방관하면서 또 한편으론, 정신적으로 반대한민국 세력들을 양산하면서 우리 스스로가 정신적으로 무기력해 있는 모습들에 무관심한 인사들이 이 나라의 대통령이 된다는 것은 이 나라의 큰 불행이 될 것이다.

올림픽 5위와 1인당 국민소득 2만 달러라는 경제적 양적 수치와는 별개로 수면 아래에서 점점 더 삭아 가고 있는 사회 통합에 대한 고리의 약화와 남남갈등의 체계적이고 점진적 확대는 대한민국 스스로에게 가장 큰 적(敵)으로 돌아와서 우리 후손들을 매우 힘들게 할 것이다. 지금과 같은 근시안적인 처방들과 소탐대실의 선거 포퓰리즘은 이 나라에 궁극적으로 큰 짐을 안겨 줄 것이다.

이러한 맥락에서 여권의 후보로 대선 정국을 이끌 박근혜 후보는 더 치열한 역사의식과 국가의식으로 정치 포퓰리즘을 극복하고 종합적이고 총체적인 시각에서 나라의 문제들을 조명해야 한다. 경제민주화보다도 더 중요한 국가 어젠다에 대한 정확한 이해를 기반으로 감동과 진실의 언행으로 국민들의 표를 얻어 내는 살신성인의 구국 정신을 기반으로 대통령이 되는 프로젝트를 만들어야 승리가 답보될 것이다. 야권의 후보라고 예외는 아닐 것이다.

2012. 8. 20

후안무치(厚顏無恥)한 일본 앞에서 분열된 한국의 자화상

　최근 이명박 대통령의 독도 방문, 그리고 광복절 연설에서 종군위안부 사과 요구 등에 대한 일본의 대응 자세와 수준은 경제대국에는 전혀 어울리지 않는 아주 부끄러운 수준이다. 국제정치의 본질이 본래 힘의 지렛대를 기반으로 작동하는 고금의 현실을 모르는 바는 아니지만, 21세기에 최소한 도덕성마저 부인하고 있는 일본의 모습은 정신적으론 후진국가의 전형적인 모습인 것이다.

　하기야 오늘날 강대국으로 분류되는 나라들이 과거 중상주의, 제국주의 시절에 약자에 대한 배려와 존중과는 거리가 아주 먼, 힘을 중심으로 한 약탈 외교를 통해서 배를 채운 아픈 세계사를 우리가 모르는 바는 아니지만, 멀쩡한 국가를 병합하고 탄압과 착취로 한민족을 괴롭힌 일본이 사과 한 번 제대로 하지 않고 이처럼 독도 영토 분쟁을 당연시하는 저의와 자세는 우리 국민들에게 격분하는 마음을 일으키기에 충분한 것이다.

　문제는 이러한 동북아시아에서 힘의 논리가 지배하는 새로운 냉전 구도가 도래하고 있는 와중에서도 아직도 이상적인 평화론으로 제주 해군기지 건설을 반대하는 등의 아주 비현실적인 세력들이 우리나라의 곳곳에 포진하고 국제정치의 빠른 변화를 애써서 외면하고 있는 아주 그릇된 자세들일 것이다.

필자는 이 대목에서 해방 이후에도 6.25를 겪고서 공산주의의 본질을 보았듯이 우리 국민들이 이러한 문제를 제대로 보는 좋지 못한 것이 화근이 되어서 아주 나쁜 계기가 있을까 걱정이 앞서는 것이다.

지금 동아시아에선 중국과 일본이 더 크게는 러시아까지도 아시아의 패권을 놓고 군사력 경쟁을 치열하게 벌이는 이 현실을 보고도, 그것도 분단국가가 평화 노선만 이야기하면서 군비 증강을 도외시하고 해군기지 건설 하나도 제대로 못하게 하는 일부 국민들의 그릇된 정서는 아주 큰 문제라는 것이 필자의 생각이다. 필자는 작년부터 이미 동북아시아에 신냉전 구도의 도래가 가까움을 글을 통해서 수차례 강조한 바가 있다.

지금 북한을 제외한 우리와 가장 첨예한 인접 가상군사 대결 국가들인 중국과 일본의 호전적인 군비 증강을 보아도 우리는 지금의 국방비를 더 증액하여 북한의 불안정한 상황에도 대처하고 더 크게는 주변국들의 과거 제국주의적인 행동방식에 제동을 걸어야 할 것이다.

바로 이러한 차원에서도 지금의 한미동맹은 돈으로 환산할 수 없는 엄청난 안보적, 경제적 가치를 갖고 있는 것인데 이를 뒤흔들고 있는 국내의 일부 세력들이 과연 누구를 위해서 이러한 언행을 일삼는 것인지 국회에 국민의 대표로 입성한 선량들은 목숨을 걸고라도 따지고 파헤치는 애국심을 보여야 할 것이다.

특히나, 최근에 중국과 일본이 아시아의 맹주 자리를 놓고 군비 경쟁에 올인하는 모습을 보면서 대한민국의 국방력의 증가야말로 불확실한 북한을 견제함은 물론, 주변국의 오만한 간섭을 줄이는 열쇠가 될 것이란 생각을 해 보는 것이다. 아직도 한반도의 군축만을 주장하고 복지 예산 타령만 하는 정치인들이 있다면 국민들이 그들의 국제 정세에 대한 인식의 수준과 저의를 잘 보아야 할 것이다.

중국과 일본은 한 해 각각 1,064억 달러, 563억 달러 등의 군사 예산을 갖고 최근에는 항모를 증강하고 대형 스텔스기를 적극 개발 혹은 구입하는 등의 군비 경쟁을 벌이고 있다. 이러한 주변 군사 강국들의 움직임과는 매우 대조적으로 우리 군은 국방비를 증액하는 문제도 여야의 합의가 부재하고 제대로 이루어지지 않는 현실인 것이다. 일본이 매우 급속하게 군비를 항모를 중심으로 첨단무기 개발에 증액하는 현실을 우리가 똑바로 보아야 하는 것이다.

아직도 힘이 없는 나라는 국제사회에서 대접을 받기가 매우 힘든 현실인 것이다.

2012. 8. 16

대한민국 대통령 자리는 현실주의자의 몫

　우리 사회가 자본주의 이름으로 민주주의를 잘 발전시킨다는 논리가 이제는 먹는 문제를 해결한 이후 세대에게는 큰 정당성을 가질 수가 없을 것이다. 경제개발 우선론으로 민주주의 토대가 어느 정도 완성된 지금은 오히려 민주주의의 참된 구현이 무엇인지를 놓고 정치 담론이 향후 더 크게 형성될 것이다.
　이러한 우리 사회 내의 양극화, 젊은이들의 미래에 대한 비관적인 현실, 집값 하락과 조기 실직으로 인한 중산층의 몰락 등이 가지고 있는 어두운 그림자의 크기와 파장이 이번 대선에서는 여지없이 큰 흐름으로 연결되어서 예측할 수 없는 대선 정국을 만들고 있다. 명예와 권력보다는 더 많은 책임과 의무감으로 하루하루 고달픈 공인의 길을 가야 하는 막중한 대통령의 소임이 예견되는 것이다. 준비가 덜 된 후보들은 스스로의 가슴에 손을 얹고 겸허히 성찰하면서 진퇴를 결정하기 바란다.
　문제는 이러한 대통령이라는 자리에 도전하는 많은 후보들이 과연 이러한 엄청난 도전을 적절한 국가적인 힘과 정책을 모은 응전으로 심화하면서 토속적인 대한민국 병들과 더불어서 세계 자본주의의 어두운 그늘들을 어떻게 헤치고 나갈 것이냐는 기본적인 자질이 있는가라는 질문이다. 참모들에게 기댈 문제는 아닌 것이다.

사실 이 문제는 기본 대한민국 정치에 대한 환멸감과 증오심의 표출만으로도 해결될 문제가 아니오, 국민들의 불만에 기대어 선전선동으로 표만 계산하다가 해결될 문제는 더욱더 아닌 것이다.

아직도 우리의 대선 후보 중에는 다소 현실성이 결여되는 모호한 진보성을 가치로 포장하고 남북 간의 화해와 협력이란 깃발만 부각시키고 그 이면에서 북한이 대한민국을 파탄시키려고 자행해 온 남북 간의 약속 사항에 대한 불이행 및 파기 등에 대해선 관대하게 눈을 감고 일부 젊은 감성들의 다소 현실성이 결여되어 감성적인 부름에 맹목적으로 따라가는 매우 부적절한 처신을 보고 있는 것도 사실이다. 감성도 매우 소중한 정치의 영역이지만 국가의 안보를 사장시키는 감성은 국가에게 가장 큰 독이 될 가능성이 농후한 것이다.

북핵 문제, 각종 연평도, 천안함 사건 등에서 많은 후보들은 대통령 후보가 취해야 할 적절한 국가관, 안보관의 강조보다는 대한민국을 흠집내는 이상한 흐름에 동조하는 부적절한 애매모호한 노선으로 잘못된 국민 포퓰리즘의 추종자 노릇을 해서는 안 될 것이다.

세계에서 유일하게 분단 상태가 고착화된 대한민국의 대통령이 챙겨야 할 우선순위는 국가의 안보라는 사실을 망각하는 특정 후보들의 각종 천안함 사건 등을 위시한 주요 안보 현안에 대한 양비론적 접근 자세로는 대한민국 대통령으로서의 기본적인 자질이 갖추어져 있다고 그 누구도 동의하기 어려울 것이다.

대한민국의 대통령이 될 사람들은 인기 영합적인 포퓰리즘을 과감하게 배격하고 현실주의자로서 지금 불안정성이 더 커지고 있는 안보를 논하고 동등한 연장선상에서 사회복지 차원에서도 빈부 격차를 줄이는 가능한 정책을 국가 예산 범위 내에서 개진하면서 망국적인 남남갈등을 해소하는 안목과 실천력을 겸비한 인물이 되어야 할 것이다. 경제 선진국으로 가는 주요 성장 동력을 잃지 않고 가는 범위 내의 처방이 합당할 것이다.

이러한 측면에서 볼 때 아직도 필자는 분단의 문제가 현실적으로 해결되는 시점까지는 근거 없이 토대가 부실한 이상론자보다는 많은 경륜과 준비가 된 현실론자(realist)가 대통령을 하는 것이 합당하다는 생각을 하고 있는 것이다.

2012. 8. 8

살신성인의 위대한 정치 지도력
―얄팍한 언어로 국민들을 속일 순 없어

　이미 오랜 시간 전에 필자가 International Herald Tribune지에 실린 토머스 프리드먼(Thomas Fridman)의 칼럼을 인용하면서 '정치 포퓰리즘에 휘둘리는 대선 후보는 안 된다'는 요지의 칼럼을 쓴 기억이 새롭다. 오늘도 마침 조선일보의 김대중 칼럼이 뒤늦게 그 문제를 다시 재론하는 것을 보고 나라 걱정을 하는 지식인들의 마음이 크게 다르지 않음을 보게 된다.
　김대중 씨 역시 근대화·산업화·민주화 시대를 넘은 뒤 중대한 고비서 방향 잃은 우리 주위를 보더라도 포퓰리즘에 젖은 대선 후보들, 유권자에게 주겠다는 선심뿐 철학과 신념으로 국민을 이끌고 미래를 위한 땀을 요구할 후보가 절실하다는 요지의 글로써 필자의 몇 주 전 우려를 그대로 답습하고 있다.
　검증되지 않는 경력과 미사여구를 동원해서 이런저런 말은 할 수 있어도, 그러한 언행들이 실질적으로 정책적으로 개발되어 국정에 녹아나서 국민들 모두를 골고루 잘살 게 할 것이란 단정은 매우 힘든 것이기에, 대선 정국의 와중에서 이러한 문제에 대한 담론 확산은 아무리 많이 하여도 지나치지 않을 것이다.

오늘 필자가 지난 10여 년간 항상 주장해 온 애국심을 주제로 칼럼의 결론을 맺는 것을 보니, 다 나라 걱정하는 깊이와 폭이 크게 다르지 않음도 본다.

지당한 이야기다. 애국심으로 똘똘 무장하고 개천의 다리 하나하나를 조심스럽게 건너려고 해도, 갑작스런 폭우로 무지개 물을 만나고 많은 비바람에 몸이 흔들릴진데, 애국심이 부족한 사람들이 권력과 명예만 추구하다가 온 국민과 이 나라의 역사를 엉뚱한 방향으로 끌고 가서는 안 되는 것이다.

모든 대선 주자들은 오직 진실과 애국의 언어로 이 나라의 문제를 진단하고 그러한 처신으로 지금처럼 어려운 시기를 현명한 지도력으로 함께 돌파해 나가야 할 것이다. 우리는 바로 이러한 살신성인의 위대한 정치적 지도력을 갈구하고 있는 것이다.

2012. 7. 24

우리가 대통령을 왜 뽑는가?

대선 정국이 얼마 남지도 않았지만 답답한 마음뿐이다. 여야의 많은 대선 예비 후보들이 출사표를 던지면서 자신의 국가 구상을 두루 뭉술하게 밝히고 있지만 이 시대의 시대정신을 읽어 내는 깊이와 넓이가 매우 일천해 보인다. 항상 들어오던 구호들, 표피성의 식상한 용어들만 난무하고 대통령이 되겠다는 욕심만이 보이고 진정으로 이 나라와 민족을 위해서 자신을 다 버리고 불사르겠다는 살신성인의 정치적 열정이 보이지 않으니 국민들이 감동을 받을 수가 없다.

소위 대통령을 해 보겠다는 사람들이라면 자신의 모든 것을 다 버리고 이 나라의 역사와 이 민족의 아픔과 화학적으로 결합하여 구국의 우상으로 굳건히 자리 잡아 국민들을 감동시키고 국민 통합을 주문해야 하지만, 모두가 자신의 위치에서 권력욕만 쫓아가는 모습이니 역사도 백성도 감동받지 못하는 것이다. 모든 것을 버리면 모든 것을 얻는다는 진리가 큰 자리를 찾는 사람들에겐 더 절실한 것이다. 정치공학으로 선거를 치르기보다는 열정과 신념 그리고 뜨거운 애국심으로 선거를 치루어야 이 강산도 감동하고 국민도 감동할 것이다. 심각한 대한민국의 병이 무엇인지 필자는 그동안 많은 글을 통해서 분석하여 이 자리에선 생략하지만, 무겁고 부담스런 주제일수록 더 강렬하게 말하고 문제점을 지적해야 한다.

이렇게 중차대한 21세기 길목에서 대한민국의 대통령은 지금 대한민국이 처한 병리 현상을 정확하게 진단하고 명확한 언어와 결단으로 그 처방도 선명하게 내야 할 것이다. 앞으로 얼마나 어려운 한반도의 정치 지형이던가? 이를 뼛속으로 인지하지 못하고 표피적인 인식과 노선으로 이 한반도를 이끌 수 있는 것인지 스스로들 자문해 보아야 한다.

두루뭉술한 언어로 포장하고 실체가 보이지 않는 애매한 용어를 선택하여 미사여구를 동원한다 해도 살신성인의 혼과 정신이 녹아나지 않으면 그 누구도 감동을 받지 못하는 것이다. 지금부터라도 대한민국의 병은 이것이고 나는 이렇게 처방하여 이러한 길로 이 나라를 이끌겠다는 정확하고 선명한 용어의 선택으로 이 나라를 반석(磐石) 위에 세우는 큰 의지를 보여야 할 것이다.

그저 경제민주화, 평화, 인권, 균형 발전, 분권, 복지, 정의 등의 추상적인 언어로 대한민국 병의 본질이 잡히지 않고 있으며 기본 문제의식이 모호하게 보이니 국민들도 국가적 과제가 무엇인지 혼돈의 개념으로 방황하는 것이다. 제발 표만 의식하지 말고 나라의 안위를 먼저 의식하는 큰 정치인의 철학으로 국민들을 감동시키는 대통령 선거전이 되기를 바란다.

2012. 7. 10

유럽의 고민과 바람직한 선택

　유럽이 몸살을 앓고 있다. 그리스, 포르투갈, 스페인의 금융 위기로부터 시작한 유럽 전체의 문제점들이 유럽 통합의 발목을 잡고 향후 통합의 진로마저 위협하는 대갈등 조정기에서 멈추어 있는 형국이다. 결국은 EU 스스로 자신들의 역량에 더 자신감을 갖고 스스로 설정한 점진적인 통합을 더 확대함으로 이러한 문제들도 해결될 수 있을 것이다.

　WTO 고위직(Director-General)인 Pascal Lamy 씨는 그가 기고한 글(International Herald Tribune, 'Europe needs a legitimacy compact', 9 July, 2012)에서 유럽 국가들이 이 갈등 국면을 자신감 있게 돌파해야 할 필요성을 강조하고 있다. 지금까지 유럽의 정치경제 통합이 세 요소 간의 절묘한 균형점에 의해서 이루어져 온 사실을 상기하면서 통제(discipline), 연대의식(solidarity), 그리고 합법성(legitimacy) 간의 적절한 재결합을 통한 위기 탈출 해법을 제시하고 있는 것이다.

현재의 유럽의 위기는 경제적인 위기, 제도적인 위기 그리고 정통성의 위기 등에서 그 뿌리를 찾을 수 있는 바, 다시 상기한 세 요소들에 대한 상관적인 관점에서의 점검을 해야 할 것이다. 성장이나 긴축 문제를 회원국들의 의견을 조율해서 유럽연합이 적절한 지도력으로 잘 견인하는 지혜가 필요하다는 주장인 것이다.

유럽연합집행위원회(European Commission)에서 일한 바 있고 전 영국 노동당 국회의원을 지낸 David Marquand 씨도(International Herald Tribune, 'Europe's Missing Union', 9 July, 2012) 그의 기고문에서 경제적인 국제 자본의 위력이 자국의 주권을 침해하는 현상에 대한 회원국들의 좌절감을 소개하면서 민주주의와 자본주의가 어디까지 협조가 가능하고 어느 면에서 이 양자 간에 갈등 요인을 양산하는지에 대한 질문을 하고 있다. 지금보다는 정치적인 통합이 더 진전되어야 작금의 유럽의 혼란을 해결할 수 있다는 주장이다. 거대한 금융시장(bond market)의 위력 앞에 무너지는 국가의 주권, 개인의 주권 문제를 해결할 수 있다는 논리를 펴는 것이다. 이미 통합 과정 그 자체는 회원국들의 통제를 벗어나는 단계로까지 진행되고 있다는 주장이다.

지구촌화 현상(Globalization)이 양산한 금융의 위력 앞에서 무너지는 국가주권의 무기력함을 유럽에서도 이미 목격하고 있고 현재의 민족주의(nationalism)가 강화되는 면을 잘 보고 있는 것이다. 결국은 지금까지 지난 60년간 잘 순항하고 있는 유럽의 정치경제 통합이 다소 많은 풍랑으로 인해 여기저기서 때로 고초를 겪어 왔지만, 과거에서 합리적인 통합의 확대로 점진적인 문제 해결의 방향을 찾아왔듯이, 앞으로도 지금 수준에서 통합의 후퇴보다는 더 강화된 정치 통합으로 문제 해결의 실마리를 찾을 수 있다는 주장인 것이다.

이러한 유럽의 정치경제적인 지형에 비교되는 한반도는 어떤 모습인가? 아직도 걸음마도 못 떼는 한심한 단계인 것이다.

2012. 7. 9

인기 영합주의의 거대한 폐해
―포퓰리즘(Populism)은 민주주의의 가장 큰 적이다

　사람들이 세상을 살아가면서 대개는 대다수의 사람들이 말하고 행동하는 방향으로 자신도 무의식적으로 따라하는 습성을 갖고 있다. 사회화 과정에서 관습적으로 익히는 측면도 있지만, 그렇다고 대다수의 대중이 하는 것이 반드시 국가의 이익에 부합하고 궁극적으로 인류의 문명에 유익하다는 보장은 그 어디도 없는 것이다.

　뉴욕타임즈 칼럼니스트인 토머스 프리더먼(Thomas L. Friedman)도 이러한 차원에서 어제 날짜의 International Herald Tribune지 칼럼(The rise of Populism, 대중 인기주의의 범람)을 통해서 이러한 폐해를 적절히 잘 지적하고 있다는 생각이 든다.

　그는 이 글에서 근본적인 관점에서 누구나 SNS의 흐름을 타고 많은 말을 하고 있지만, '누가 바람직한 여론을 창달하는 역할을 주도할 것인가(If everyone's following the polls, blogs and Twitter, who's leading?)'라는 아주 상식적인 문제 제기를 하고 있는 것이다.

지난 십 수년간의 대한민국 사회를 보더라고 민주화 물결의 범람에 가린 친북 활동의 범람, 그리고 이들에 대한 정확한 진실을 해명하기 위한 사회적인 공감대의 부족 등도 모두 대한민국의 민주주의를 어렵게 하는 포퓰리즘의 한 형태인 것이다.

바른 지도자가 바른 식견으로 이를 짚어 주지 않고 이를 방관하고 오히려 이를 이용하여 잘못된 권력을 누린 그 결과는 국가의 안보가 구멍이 뚫리는 참혹한 결과로 연결이 될 것이다.

최근의 '종북주의' 논쟁도 어찌 보면 무분별하게 자라난 포퓰리즘의 틈새로 독버섯처럼 그 세를 확장하고 대한민국의 안보를 크게 위협하는 독버섯이 된 것을 우리가 이제야 볼 수 있는 것이다.

토머스 프리드먼도 결론적으로 그의 칼럼에서 미국이나 아랍 유럽의 지도자들이 이러한 민주주의 결핍 현상에 맞서서 진실을 이야기하기보다는 이에 편승하여 표만 구하는 잘못을 지적하고 있는 것이다. 대한민국도 지난 이명박 정권 5년간 종북 노선을 방치한 그 그늘이 적지가 않다. 이념의 시대는 갔다는 오도된 언어로 잘못된 국정 지표인 '중도실용론'의 채택으로 대한민국의 큰 공공재인 안보를 해치는 독버섯이 자라는 큰 실책을 하게 된 것이란 판단을 해 본다.

그래서 필자는 이미 이러한 민주주의 결핍 현상에(Democratic Deficit) 대한 두려움으로, 아무도 이야기하지 않고 방치하는 이 문제를 많은 글을 통하여 지적하고 토론해 왔지만, 우리의 언론들이 일부분 잘못된 시대의 흐름에 편승하고 진실을 말하는 용기가 많이 부족하여 제대로 사회적 담론으로 승화시키지 못하고 그냥 지난 십 수년을 지내온 것이다. 돌이켜 보니 효순이 미선이 사건, 쇠고기 수입 문제 등에서 진실과는 거리가 멀게 포퓰리즘의 발발이 얼마나 잘못된 국력의 손실(損失)로 결론지었는지 돌아보게 된다. 언론들도 일정 부분 민주화 과정에서 큰 정론(正論)을 형성하는 데에 많은 공헌을 했지만, 가장 중요한 부분인 종북 노선 문제에선 부족했음을 인식하고 지금처럼 더 명확한 언어를 사용하고 곧은 담론 형성으로 바른 여론 창달에 노력해야 할 것이다.

필자는 지난 2009년 용기백배하여 '중도실용론'은 대한민국을 해치는 잘못된 국정 기조이니 수정하고 바꿔야 한다는 개인적인 상소문을 인터넷 월간조선을 통하여 쓰기도 했지만, 그 어느 언론도, 그 어느 정파도 필자의 애국 충정 어린 상소문을 제대로 다루어 본 적도 없고 심각하게 검토하지 않고 다 무시했던 기억이 새롭다.

포퓰리즘 못지않게 언론들의 진실을 규명하는 일에 있어서의 행태나 태도도 민주주의 발전에 있어서 큰 역할임을 크게 자각하고 깨인 국민들이 더 감시하고 잘못된 언론들을 비판하는 성숙된 시민윤리가 있어야 할 것이다.

토마스 프리드먼이 쓴 칼럼의 마지막 단락은 대한민국에서는 더 심각하게 적용되는 경우이기에 국민들의 각별한 관심을 촉구하는 것이다.

That is not what we are seeing from leaders in America, the Arab world or Europe today. Your would think one of them, just one, would seize opportunity to enlist their people in the truth: about where they are, what they are capable of, what plan they need to get there and what they each need to contribute to get on that better path. Whichever leader does that will have real "followers" and "friends" - not virtual ones.

2012. 6. 26

부실한 대통령 선출로 산적한 문제들을 풀 수 없어

 지금 우리나라에서 대통령을 하겠다는 사람들이 제도를 핑계로, 경선룰을 핑계로 가장 중요한 후보들의 기본 덕목인 자질 검증을 미루고 있다. 미국의 대선 선거전이 이미 자질 검증을 치열하게 하고 있는 모습과 너무 대조적인 만큼 대한민국 민주주의의 부실함을 보는 것이다.
 오바마(Obama)냐 아니면 롬니(Romney)냐는 단순한 구도로 모든 검증의 칼날을 겨누고 있는 미국 사회는 어찌 보면 부실한 대통령을 안 뽑으려는 민주주의의 기본 원리를 충실하게 작동하고 있는 것이다. 반면에 대한민국은 정해진 수순을 무시하면서 최대한 자신에게 유리한 룰을 고집하고 그 구도로 끝까지 대선을 치루면서 국민들에 대한 가장 기본적인 민주주의 작동의 도리마저 팽개치는 아주 후진적인 악습을 버리지 못하고 있는 것이다. 대한민국 민주주의의 대단한 후진성이다.
 사실 이쯤이면 대선이 180일 남은 시점에서 연일 터지는 국가적

현안들을 놓고 주요 정당의 후보자들이 열린 공간에서 자신의 견해들을 밝히고 토론하면서 국민들에게 그들의 도덕성, 정치철학, 그리고 이념관까지 철저하게 밝히는 시간이 되는 것이 맞지만, 그 어느 누구도 이에 대한 책임을 다하지 못하고 민주적 절차성을 철저히 무시하고 있는 대단히 후진적인 정치 풍토다.

미국에서는 이미 외교 정책을 놓고도 양자 후보자 간의 능력을 검증하는 등 국민들의 철저한 알권리는 충족시키고 선택의 범위를 유권자에게 최대한 개방하는 합리적인 민주적 절차를 보고 있지만, 대한민국은 답답하고 화가 치밀 정도의 국민 무시 행위요, 자기 당파 위주라는 아주 후진성을 연일 연주하고 있는 것이다.

한반도와 같이 분단된 체제를 이끌어 갈 지도자는 미국보다도 더 철저하게 더 치열한 검증을 치르는 과정이 있어야 실패한 대통령을 뽑지 않을 것이다. 사상과 이념 검증은 물론이고, 그가 과연 합당한 통합을 위한 리더십을 갖고 있는지, 도덕적으로는 얼마나 신뢰할 만한지 등의 굵직굵직한 검증 과정이 이렇게 생략되고 무시되면서 대선전 180일을 맞아야 하는 것인지 답답한 것이다. 이것도 참으로 안 되는 못된 정치적 파행성인 것이다.

2012. 6. 22

거친 풍랑 위에 선 색 바랜 대한민국호

　참으로 이상한 일들이 21세기 대낮에 한반도에서 일어나고 있다. 종북 논쟁의 끝이 이제는 애국가를 부정하는 세력들의 세계관까지 억지로 언론을 통해 읽어야 하는 막장 드라마의 나라. 참으로 꼴불견이 아닌가?
　일제 치하에서 피눈물 흘리면서 나라 잃은 설움을 잊은 지 언제라고? 6.25의 동족상잔의 비극을 겪은 지가 얼마나 되었다고? 임란 동안 당파 싸움으로 백성들을 왜놈들의 일본도(日本刀)에 도륙내게 한 것이 언제라고 아직도 거짓 세력들이 파당으로 국론을 분열시키나?
　아직도 정신을 못 차리고 있다는 한 증후군이 아닌가? 종북 세력들이 주된 원인 제공자들이지만, 이들이 생존토록 방치하고 국가의 안보 공공재에 무관심해 온 국민들도 일말의 책임은 있을 것이다.
　누굴 탓하려고 하는 이야기가 아니라 대한민국의 기강과 정신이 부패하는데 소금과 같은 역할을 해야 하는 상황에서 합당하고 단호한 정치 리더십의 부재를 실감한다.

과거 잘못된 정치 세력들이 국정을 책임지면 나라가 얼마나 엉망이 되는지를 잘 보여 주는 좋은 사례가 이번의 종북 논쟁의 막장 드라마인 것이다.

노골적으로 세계에서 가장 악독한 인권유린 독재 정권을 찬양하는 글이나 말들이 언론에 대서특필되고 버젓이 국가보안법을 위반해도 그냥 방치되는 나라가 아니던가?
　이제는 막장으로 애국가 파동이라? 국제정치의 냉정한 현실은 멀리하고 그저 민족적인 감성만으로 세상일을 분석하는 사람들이 대한민국의 국가 경영에 국민의 대표로 참여를 해도 된단 말인가? 필자는 아무리 좋게 보려 해도 이것은 민주주의 본질과는 아주 거리가 먼 현상이다.
　한반도가 대 풍랑으로 흔들릴 조짐이 보인다. 아무리 물질적으로 풍부한 사회를 만들어도 정신이 부패하고 국가 기강이 문란하면 그 국가는 허점을 만들고 반드시 위기를 맞는다.
　더군다나 위장된 민족 화해와 평화라는 구호를 내세운 세계의 가장 악독한 정치집단을 추종하는 세력들이 노골적으로 국론을 분열시키면서 남남갈등을 더 키우는 이 세상! 그 끝이 어딜지 걱정이다.
　베트남의 공산화 사례를 보더라도 아직은 대한민국이 이렇게 흥청망청하면서 이기주의적인 파당 사회로 갈 단계는 아니지 않는가?
　일부 젊은이들은 아직도 전쟁이 끝난 것이 아닌 정전 상태의 한반도를 잊어버리고 감상적인 민족주의 타령으로 진정한 애국의 길을 보지 못하니 이 어찌 난세가 아니로고? 아직도 나꼼수 식의 말장난이 젊은이들의 마음을 움직이는 동인이라면 큰 문제가 아닌가?

대한민국이 미국이나 일본처럼 통일된 안정적인 선진국이라도 국가를 부정하는 행위를 용납하기 어려울진데, 노골적으로 이적 활동, 반국가 활동을 견인하는 세력들에게 국민의 세금을 그대로 집행하는 정부가 제정신인가?

이젠 더 이상 정부도 시간 허비하지 말고, 단호한 법을 잣대로 이적 활동을 하는 세력들을 국민과 역사의 이름으로 단속하고 그들이 더 이상 오만방자하게 거리를 활보하면서 대한민국의 건국 정신과 헌법 정신을 욕되게 하는 일을 방치해선 안 된다.

한 노조 단체는 공식적인 홍보물을 통해서 북한의 논리를 홍보 선전하는 나라가 아니던가? 노동운동의 끝이 가장 혹독하게 우리 동포를 유린하는 독재 정권을 비호하는 것은 더더욱 아닐진데.

아무리 관용의 마음으로 보려고 해도 이것은 아닌 것이다. 이것은 아니지 않는가? 아직도 자신을 희생하면서 애국운동하는 사람들을 수구꼴통이라 칭하는 사회이던가? 참으로 기가 막힌 질곡의 현대사인 것이다.

2012. 6. 18

북한의 선전선동이 대선의 주요 개입 변수

상식이 통하지 않는 주사파 세력들이 종북 망언으로 세상을 뒤흔들어 놓고 있는 이 형국은 비상한 대처를 요하고 있다. 나라의 안위를 위해서 마지막까지 더 점검하고 확인해서 다가오는 12월의 대선에서는 국민들이 헛된 표를 한 표도 만들지 않도록 끝까지 철저히 추적하고 검증하여 반대한민국 세력들의 위선을 낱낱이 파헤치는 것이 도리요 순리다.

북한의 대남 담당 부서들은 줄곧 지난 2002년부터 줄기차게 대선 총선 정국을 자신들의 대한민국 내의 지지 세력들인 반미 친북 세력들에게 도움을 주기 위한 아주 심리적이고 실질적인 정치 개입 전선으로 일관해 왔다.

2007년 12월 대선 정국에서는 한나라당을 반동보수로 매도하고 '친미반동 매장하자'는 주장으로 국내의 종북 세력들을 지원하였고, 2010년 6월 지방선거 정국에서는 북한 매체들이 천안함 사건이 우리 정부의 모략극이라는 선전선동으로 일부 국민들의 판단을 흐리고 남남갈등을 더 증폭시키는 전술로 일관했다.

지난 2011년 10월 서울시장 재보선 정국에서는 나경원 서울시장 후보를 집중 비난하며 북한에게 우호적인 박원순 야권 후보와 안철수 바람을 자신들에게 유리하게 보도하는 치밀성을 보여 주었고, 지난 2012년 4월 총선 정국에서는 신년 공동사설을 통해 남조선 집권 세력이 준엄한 심판의 대상이라는 망언을 퍼트렸다. 민간인 불법사찰, 제주 해군기지 논란 등 반미종북 세력들의 활동을 지원하면서 정부와 여당을 비판하는 개입 변수의 역할을 톡톡히 해 온 것이다.

작금의 통진당 이석기 김재연 파동, 민주통합당의 임수경 망언 파동, 이해찬 당대표의 북한 인권 발언 등이 국내 대다수 국민들의 거센 항의를 불러오고 남한에서 종북 활동 공간이 위축되고 좁아지자, 급기야는 반대한민국 세력의 총본부인 북한이 직접 나서서 박근혜, 정몽준, 이재오, 김문수 등 여권의 유력 주자들을 향해서 거의 협박조로 그들이 북한 체류 시에 행한 언행을 공개한다는 관례에도 없는 선전선동을 감행하고 있는 것이다.

이와 같이 기본적인 국가로서의 체통과 격도 갖고 있지 않은 북한이 우리 정부를 상대로 협박하고 공갈치고, 때로는 위장된 대화로 돈을 얻어 가는 과거의 못된 습성에서 한 발자국도 나오지 못할 것임을 암시하는 중요한 사건들인 것이다. 이러한 측면에서 한반도는 일시적으로 신냉전의 구도에서 우리가 다시 더 안보를 우선순위로 나라를 경영하는 날이 예견된다.

우리 정부는 더 정신을 바짝 차리고 이들의 이러한 책동에 단호하게 대처하면서 우리 사회에서 암약 중인 종북 반국가 활동 세력들을 발본색원(拔本塞源)하여 일부 국민들이 이들의 현란한 언어에 현혹되지 않고 흐트러진 국가의 기강을 세우는 일에 매진해야 할 것이다.

　대한민국을 대표하는 공직자가 되려는 후보들에게 혹은 공직에 있는 사람들에게 그들의 국가관, 역사관, 정체성을 검증하고 국가의 이익을 위해서 봉사할 수 있는지를 묻는 것은 매우 당연한 공권력의 기본 의무인 것이다. 단호한 공법 수호 의지를 갖고 대선 정국에서 더 발호할 반국가 세력과 북한의 개입 변수(intervening variable)를 차단하기 위한 준엄한 법치 수호가 대한민국의 정체성을 지키는 첩경임을 우리가 명심해야 할 것이다.

　2012. 6. 12

희생
―페루 희생자들에게 드리는 조시

삶에는 여러 종류가 있어도
가장 고귀한 삶이 있구나

나라가 누란의 위기에서
초개처럼 목숨을 버리며
영원히 역사의 정신으로 사는 삶
소금 같은 세상의 보석이 되어 온
인류를 비추던 삶처럼
페루에서 그대들이 남긴 그 정신
나라와 민족이 기억하고
우리 후손들이 그 정신을 기리리
고이 잠드소서

먼 훗날
그대들의 정신이 후손의 혼이 되어
풍요롭고 통일된 나라의 주인 되리
고이 잠드소서
고이.

2012. 6. 12

믿음

그냥 그 마음 갖고 갑니다
굳건히 믿고
사람을 다시 한 번 믿고
뚜벅뚜벅 천천히
앞으로 걸어가지요
보이지 않고
잡히지 않지만
사람에 대한
인간에 대한
굳건한 신뢰를
저 돌산보다
무거운 마음으로 지고
힘차게 걸어갑니다.

2012. 6. 9

중국 상대로 '적극적 통일 외교' 전개해야
―북경과 서울의 전환기적인 대타협

　필자는 요즘 여기저기서 동북아와 한반도 문제를 주제로 한 특강 요청을 받고 강의 과정에서 가장 많이 강조하는 대목이 있다. 그것은 다름 아닌 한국 정부가 과거의 냉전적 틀을 벗어나는 과감한 자세로 중국의 공산당을 상대로 한 매우 적극적인 통일 외교를 전방위로 전개해야 한다는 주장인 것이다. 시작이 반이라는 신념으로 미래를 보는 혜안을 강조하는 것이다.
　물론, 아직도 정치 지정학적으로 북한의 존재를 매우 소중하게 보면서 이이제이 패러다임의 현상 유지론으로 한반도를 분할 구도로 끌고 가면서 미국을 견제하는 북경의 기본적인 책략이 바뀐 시점이 아니지만, 향후 계속 나올 수 있는 김정은 체제의 실책을 감안하면 우리가 먼저 설득하고 미리 준비하는 적극적인 자세가 필요한 것이다.
　종국적으로 동북3성과 시베리아 한반도를 다 포함하는 거대한 동북아 경제권 형성의 초석이 되는 매우 중요한 지각변동이 되어서 중국이 그토록 갈망하는 고속 경제성장의 토대를 바로 이러한 지정학적인 변동에서 찾을 수가 있을 것이다.

  아마도 지금보다 몇 년이 더 지나면, 필자의 이러한 주장에 대해서 매우 공감하는 동북아 지역의 국제정치적 구도가 서서히 보이면서 우리 정부가 그제서야 그리해야 한다는 호들갑을 떨 공산이 있다는 것이 필자의 판단이다. 관료주의의 못된 유습을 그때서 또 보게 될 것이다.

  비록 일부의 소수 의견이지만 중국 지도부와 중국 내의 일부 학계에서 이처럼 긍정적인 대한민국 주도의 조건부적인 통일론을 인정하려는 아주 미미한 움직임이 지금은 매우 조심스럽게 제기되는 수준이지만, 언젠가는 혜성처럼 통일 담론의 대세가 되어서 북한 독재 정권의 패망 가능성을 기본 전제로 기정사실화하고 북경과 서울이 대타협하는 날이 곧 올 것이다.

  미국과 동맹 관계를 유지하는 대한민국이 중국의 안보적, 정치적 이익을 얼마나 통일 이후의 유럽의 OSCE를 벤치마킹하는 동북아 지역 집단안보리짐 형성 과정에서 녹여내고, 한반도 주변의 강대국들과의 타협점에서 중국의 이득을 얼마만큼 만들어 내느냐가 매우 중요한 핵심 변수인 것이다.

2012. 5. 21

대한민국은 정상적인 시스템 작동이 멈추었나?

 아무래도 우리 사회는 나날이 큰 위기를 겪을 수 있는 개연성(蓋然性)을 키우고 있는 것 같다.
 필자가 나라의 큰 벼슬을 하는 사람은 아니지만, 우리 사회의 공권력이나, 일부 지식인 사회, 그리고 일부 시민사회의 담론과 국가에 대한 견해 등이 일반 국민들로 하여금 많은 착각을 할 수 있는 소지를 너무나 많이 양산하고 있다는 생각이다.
 엄격한 잣대로 국가의 참된 정신과 기개를 지키는 것이 이 정부와 지도층의 제1 덕목일진데, 언론도, 시민사회도 항상 언저리에서 부분적인 사실 보도만을 하는 정도에서 지금 우리 사회의 병폐 현상을 그냥 덮어 가는 아주 고약한 형국을 버리지 못하고 있다는 것이 필자의 생각이다.
 진보당의 당선자 13명 중 6명이 매우 부정적인 대한민국관을 갖고 있다는 것이 한 언론(조선일보 5월 16일자, 1면, 3, 4면 등)의 보도다. 이 언론에 의하면, 이들 13명 중 NL 계열은 이석기, 김재연, 이상

규, 김미희, 오병윤 당선자와 김선동 의원 등이고 이석기 당선자는 과거 반국가단체인 민혁당 활동 혐의로 징역형을 받았고, 이상규 당선자는 민혁당 조직원이었던 것으로 보도하고 있다. 김재연 당선자는 이적 단체 가입 혐의로 수배되었다가 2004년 국가보안법 폐지 시위로 처벌받았다는 등, 많은 내용을 공개하고 있다.

대한민국을 부정하는 주사파에게 국회 진출을 용이하게 연대로써 길을 열어 준 민주당의 국정 운영 철학과 국가관, 역사관도 가벼이 그냥 웃으며 볼 사안은 아니다. 바로 이러한 것들이 공당의 이름으로 국기를 흔드는 단초가 될 수 있기 때문이다. 현 집권 세력의 이러한 문제에 대한 방관도 매우 큰 문제인 것이다.

일제시대에 나라 팔아먹은 인사들을 그냥 가벼이 넘긴 우리 역사적 죄과를, 6.25 때 대한민국을 해친 행위를 한 반국가주의자들을 어느 정도 용인하고, 남남갈등의 단초를 그냥 키우고 있는 대한민국은 국가의 참된 기강이 살아 있는 나라라고 할 수 없는 것이다.

그래서 아직도 이 현대사의 진행 속에서도 기회주의자, 회색분자들이 출세하고 이 사회를 정신적으로 전염시키고 있는 것이다. 이것은 민주주의와도 거리가 먼, 국가의 정당한 법 집행을 방치하는 아주 잘못된 국가와 집권 세력의 직무유기인 것이다.

지난 노무현 정권 5년 동안 대한민국의 산업화를 기회주의자가 득세한 잘못된 역사로 매도하면서 나라의 근간을 뒤흔든 수많은 사건들을 다 열거하지 않아도, 지금 우리 사회 내의 남남갈등의 파고를 더욱더 높게 만드는 기초공사를 더 단단하게 해 온 잘못된 정부들의 국가적 실수를 국민들이 못 본다는 것은 정치적으로 역사적으로 우리의 미래가 매우 어두울 수 있다는 판단의 근거가 되는 것이다.

경제적으로 조금 풍요롭고, 자신의 가족만, 자신의 파당(派黨)만 잘 챙기는 모습으론 우리 후손들에게 매우 튼튼하고 건강한 국가를 물려줄 수 없는 특수한 대한민국의 분단 상황을 너무나 안이하고 평이하게 보는 국민들의 정서도 문제요, 이를 방치하고 정치에 이용하는 위정자들, 시민사회 운동이라는 명목으로 이를 키우고 조장하는 반대한민국 세력들이 어디까지 용인되어야 하는 것인지 매우 답답한 지경인 것이다.

정신을 차리고 차려도 부족함이 없는 우리의 현 실태인 것이다.

2012. 5. 16

민주성의 본질을 훼손하는
시장만능주의도 문제

　어제 있었던 통합진보당의 가히 조폭 수준의 비민주성과 오만함은 민주적인 민주주의 절차성과는 너무나도 거리가 먼 행태다. 민주주의를 심히 훼손하는 폭력성과 종북성을 먹고 사는 일개 종교집단 같은 이미지만 국민들에게 주었다. 이야말로 진보를 위장한 대한민국 수구좌파, 반미종북 세력들의 실체가 적나라하게 언론을 통해서 공개되는 역사적인 비극이라 아니할 수 없다.

　이제는 우리 사회가 민주주의적 질서를 부정하는 정당에 대한 본격적인 해산 문제를 논의하는 시발점이 되었다는 면에서 사회적 공공성을 더 강화하는 한 계기는 될 수 있을 것이다. 문제는 이러한 잘못된 노선을 추구해 온 이들 소수의 주사파적인 사고를 갖고 교조주의적인 사고를 하게 하는 정당성을 제공하는 우리 사회의 저변의 어두운 인프라도 살펴보아야 한다.

　그동안 국가의 이익을 해치는 세력들에 대해 민주적인 다양성을 핑계로 우리 사회 일부 지식인, 언론인 등의 기회주의적이고 타협적인 논조와 자세들이 쌓이고 쌓여 오늘날 이러한 썩어 문드러지는 최악의 정치적 비극을 만들었다는 사실이다.

나라가 건강하고 강성하려면 분명한 원칙과 규범, 국가의 건강성을 지키는 마지노선에 대한 명확한 이해를 바탕으로 국가의 제도와 법이 만들어지고, 이를 실천하는 사회를 보면서 젊은이들이 자연스럽게 민주시민 교육을 받게 되고, 종국에는 국가의 이익에 부합하는 세력들이 이 사회의 주인으로 자리를 잡게 된다는 평범한 사실을 애써 무관심하게 취급하고, 우리는 그동안 이기적인 삶으로 너무나 등한시해 왔다.

따라서 필자는 일부 언론이나 지식인들이 이러한 문제점을 분명하게 인식하고 기회주의적인 태도로 중립지대에서 양비론으로 적당히, 지극히 비판받을 세력을 모호한 언어와 논조로 감싸 온 행태는 이 순간부터 종지부를 찍어야 한다는 것이다.

국가적 이익에 반하는 반헌법적이고 반국가적인 세력들에게는 회초리를 들고 이들이 독버섯처럼 기생하지 못하도록 바른 언론관을, 바른 국가관을, 역사관을 만들고 전파하는 국가의 공기능(public function)이 더 확장되어야 할 것이다. 이러한 측면에서 정부의 기능과 역할에 대해서도 차제에 많은 점검과 비판이 있어야 하고 이를 기반으로 과감한 수술이 있어야 한다.

국가가 하지 않는 이러한 일을 위해서 뒤에서 희생하고 고민하는 사람들에 대한 사회와 국가의 평가와 인식도는 가히 후진국도 매우 후진국 수준이라 할 수 있을 것이다. 이러한 논조와 더불어서 필자는 다른 한 가지도 지적하고 싶다.

그것은 다름 아닌, 우리 사회나 기타 서구 선진 자본주의 국가가 무작정 생산성과 효율성을 기반으로 돈만 쫓아가는 천민자본 문화를 양산하면서 많은 물질적인 혜택을 만들고 있는 것과 더불어서 어두운 사회적 그늘을 만들고 있다는 현실에 대한 정확한 진단도 필요하다는 사실이다.

바로 이러한 맥락에서 오늘자 International Herald Tribune지는 Thomas L. Friedman의 칼럼 '시장사회(The Market Society)'를 통해서 시장만능주의가 건강한 사회성의 형성을 저해하고 있다는 사실을 잘 지적해 주고 있다.

Thomas Friedman은 하버드 대학 Michael Sandel 교수의 새로운 저서인 What Money Can not Buy: The Moral Limits of Markets(돈으로 살 수 없는 것: 시장의 도덕적 한계성)를 인용하면서, "시장만능주의가 우리 사회의 건전한 시민적인 관습마저 위태롭게 하고 있다(market values are crowding out civic practices)"는 주장을 소개하고 있다.

한때 미국이 2차대전 이후 승전국으로 자본주의의 전도국으로서 역할을 확대하는 과정에서 마치 국가의 공공재마저 시장을 통해서 이룰 수 있다는 생각들을 했지만, 오늘날 70여 년이 지난 2차대전 이후의 역사를 살펴보니 건전한 사회성의 발전을 저해하는 시장의 역기능을 양산하는 지금의 자본주의의 문제점을 인식하게 된 것이다.

결론적으로 계층 간의 단합을 저해하는 시장만능주의가 치료되지 않으면 앞으로 나라마다 심각한 사회적 불안정성을 잉태하는 단초가 되어서 궁극적으로 우리 모두의 소원인 선진 복지국가 대신 긴장과 갈등이 지배하는 매우 위험하고 불안정한 사회로 갈 확률이 많은 것이다.

바로 이러한 문제점을 소개하는 것은, 비록 우리가 통합진보당의 반국가적이고 교조주의적인 비민주성을 비판하고 경계의 대상으로 삼아야 하는 당위성(當爲性)의 언저리에 도사리고 있는 우리 사회의 위험성을 지적하고 싶다.

우리 한국도 시장만능주의로 양산되고 있는 사회적 균열 현상과 계층 간의 위화감, 점점 더 커지는 빈부 격차 등의 문제들이 합리적이고 점진적으로 치유되는 국가의 기능이 정책으로 연결되지 않는다면, 정치적으로 이러한 사회의 어두운 그림자를 매개로 세력을 확장하는 수구좌파 세력들의 존재도 함께할 것이란 경계심을 가져야 한다는 사실을 필자는 말해 주고 싶다. 우리 모두의 책임인 것이다.

2012. 5. 14

국민 혈세를 반국가 활동에 쓸 수 있나?

 작금의 통합진보당 내홍을 지켜보는 필자의 마음은 화가 나는 단계를 넘어서 분노를 느낀다. 당 진상조사위원회의 보고서조차 부정하는 이정희 공동대표의 발언은 민주적이라는 그들의 트레이드마크와는 거리가 멀어도 한참이나 먼 망언일 것이다.
 대한민국에서 참진보의 명예까지 송두리째 집어삼키며 거짓 진보를 위장한 통합진보당 당권파의 추악한 실체는 나라의 안녕을 위해서도 알려져야 한다. 결국에 그들이 과거에 무슨 행적으로 어떤 삶을 살아왔는지에 대한 철저한 조사와 그 후 정확한 자료에 대한 공개가 있어야 할 것이다.
 이러한 소임을 게을리하는 검찰과 헌법재판소는 기본적인 자신들의 소임을 등한시하는 직무유기 이상의 비판을 들을 수도 있을 것이다. 굳이 이 자리에서 진보의 의미를 되새기기 전에 대한민국에서 헌법 정신과 건국 정신을 애써 부정하면서 종북 노선으로 삶을 살아온 사람들이 주도하는 당에 수십 억의 국민 혈세를 나누어 주면서,

이들의 있어서는 안 될 3류정치 코미디를 그냥 보아야 하는 국민들이 더 불쌍한 것이다.

이들은 국가의 안보가 백척간두(百尺竿頭)에서 서성이는 작금의 현실에서 앞으로 한반도의 불안정한 변수 중에서도 가장 핵심적인 변수인 북한의 핵 문제에 대해서도 비판을 제대로 한 적이 없는 아주 잘못된 세력들이다. 보편적인 인권 개념조차도 부정하면서 주민들을 억압하는 북한의 독재 정권을 방관하는 이들이 과연 대한민국의 국회에서 국민의 혈세를 쓰면서 의정 활동을 하는 것이 맞는 것인가?

차제에 헌법재판소는 통합진보당의 정당강령과 정강정책을 면밀히 검토하고 이들이 국가의 질서를 어지럽히는 반국가적 정치단체로 그러한 활동을 한 적이 없는지를 조사해야 한다. 이에 기반하여 위헌 요소가 없는지를 철저하게 따지고 이를 국민에게 낱낱이 알려야 한다. 만약 반국가 활동을 하는 정당의 요건이 충족된다면 국민과 역사의 이름으로 과감하게 이에 대한 책임을 추궁하는 절차를 밟는 것이 순리일 것이다.

북한의 잔악한 독재 정권을 두둔하는 정치 세력이 일부 국민의 대표 노릇을 하면서 국민의 혈세를 낭비하는 것을 방치하는 정권이나 헌법재판소는 아주 큰 직무유기를 한다고 보아도 이상이 없을 것이다. 분단국가에서 안보를 소홀하게 다루는 세력이 어찌 국민의 대표이던가?

대한민국이 짧은 시간 내에 고도 경제성장의 길을 오면서 상대적인 빈부 격차와 전 세계적인 보편적인 자본주의의 문제점을 갖고 있다고 해서 우리 사회를 일방적으로 매도하고 기본적인 인권과 사람다운 삶이 보장되지 않는 북한 정권을 두둔하는 세력이 과연 대한민국의 정당으로서 존재할 의미가 있는 것인지 국민들도 두 눈을 똑바로 뜨고 살펴보고 살펴보아야 할 것이다.

2012. 5. 9

유럽연합, 더욱 정치적으로 통합해야

 국제 무대에서 미국과 중국의 G-2시대라 일컬어지는 틈바구니에서 유럽의 존재감이 상대적으로 적어 보이는 것도 그리 이상한 일은 아닐 것이다.
 유럽 경제통합 메커니즘이 지금 회원국 중 그리스, 아일랜드, 포르투갈, 스페인, 이탈리아 등 일부가 부도 직전의 위기를 타개할 뚜렷한 대책을 내놓지 못해 온 상황에서 유럽의 위상이 당분간 그리 커 보이진 않을 것이다.
 Gerhard Schroder 전 독일 총리는 이러한 유럽의 총체적 정체성 및 경제 위기를 타개하는 유일한 방안으로 더욱더 정치적인 통합을 더 빨리 추진하는 것만이 문제 해결의 유일한 방안이라고 강조하고 있어 눈길을 끈다.
 그는 International Herald Tribune지에 5월 4일자 Editorial Opinion란에 발표한 글(Austerity is strangling Europe, 긴축 정책이 유럽을 옥죄고 있다)을 통하여 심화된 통합의 중요성을 논리적으로 강조하

고 있다.

그는 구체적으로 유럽연합이 긴축정책으로부터 나와서 성장 위주의 정책으로 전환되어야 함을 강조한다. 그리고 구조적인 개혁을 통해서 잃어버린 국제 경쟁력을 다시 찾아야 한다고 역설한다.

장기적으로 지금 겪고 있는 금융 위기를 타개하는 종합적인 대책은 지금의 27개 회원국이 정치적으로 더 통합되어야 한다는 주장이다. 각 회원국의 정부로부터 더 많은 주권을 통합된 정치기구로 위임함으로써 더 효율적인 정책들이 추진될 수 있다는 의견이다.

이러한 일들을 가능케 하기 위해서는 현재 유럽연합의 기구들이 다음과 같은 방향으로 개혁되어야 한다고 설득한다.

지금의 유럽연합집행위원회 구성 과정을 지금의 유럽의회에서 직접적으로 선출되는 과정을 도입하여 그 권한을 더 강화하고, 지금의 European Council은 지금의 많은 권한들을 과감하게 포기하고 장기적으로는 상원 형태의 기구로 개편되어야 한다는 의견이다.

유럽의회가 출범부터 지금까지 많은 권한을 조금씩 늘려 온 것이 사실이지만, 앞으로는 선거 시에 범유럽 정당 형태의 후보 명단을 투명하게 공개하고 특정 정당이 가장 많은 지지를 얻는다면 후보군 중 1번이 자연스럽게 유럽연합 집행위원장이 되는 것이 순리다는 주장도 매우 설득력이 있어 보인다.

문제는 아직도 만만치 않은 반유럽 통합 세력들이 각국에 민족주의를 배경으로 저항하고 있는 현실을 어떻게 슬기롭게 극복하느냐는 매우 현실적인 문제가 있다는 것이다.

2012. 5. 4

신냉전 구도 속에서
다각적인 통일 외교 추진방안 모색
―동북아의 새로운 질서는 한미동맹의 공고화를 부른다

  1989년의 동유럽 사회주의권의 몰락, 소련 연방의 해체 등으로 체제 유지에 대한 강박관념을 더 키워 온 북한 체제의 입장에선 최근의 중동과 북아프리카에서 전개 중인 유혈 민주화 혁명의 파고가 더 크고 깊게 느껴질 것이다.

  전 세계에서 유일하게 전체주의적인 가부장적 독재 권력을 3대째 세습하고 있는 북한의 입장에선 지금이 그 어느 때보다도 체제 위기에 대한 심각한 고민을 하고 있을 것이다. 이 문제는 우리 정부가 대북 정책을 어떻게 끌고 가느냐 와는 전혀 별개의 문제인 것이다.

  그렇다고 우리 정부가 국제정치학적 구도에만 한반도 분단의 문제를 맡기고 있기에는 민족사적 운명이 너무나 중요한 기로로 접어들 수 있기에 우리 스스로 우리 내부의 역량과 비전을 모으는 슬기로는 전방위적 통일 정책의 마련을 가시화하고 다시 점검하는 것이 그 어느 때보다도 필요한 시점이다.

  1990년대의 동서독 통일 과정에서의 관련 교훈들을 다시 우리 실정에 맞게 벤치마킹하고 우리의 내부적인 모순점들을 잘 정리하고 이에 기반하여 과감한 국가적 역량을 모아서 이들을 치유해 가는 과감한 과정이 전제되지 않는다면, 동북아 지역에 전환기적인 대 사건이 발생하여도 우리 정부는 그 기회를 슬기롭게 잘 활용하지 못하고 다시 한반도를 신냉전의 구조로 몰아넣는 크나큰 대역죄를 범할 수도 있는 것이다.

이러한 측면에서 이 땅의 정치 지도자들과 국민들은 아직도 안보적인 측면에서 불확실성(uncertainty)과 불안정성(unstability)이 세계에서 가장 큰 지역으로 인식되고 있는 한반도 지역의 문제를 더 객관적으로 진단하고 단합된 국민들의 의지를 모아 가는 작업을 대대적으로 전개해야 할 것이다.

이러한 작업을 하는 전제 조건으로 필자는 세 가지를 우리가 심도 있게 점검해야 한다는 주장을 하고 싶다.

첫째는, 우리 사회가 고질적으로 분단 체제로 굳어지면서 파생적으로 갖고 있는 망국적인 남남갈등 구조를 어떻게 풀 수 있느냐는 것이다.

둘째는, 독일 통일 과정에서 경험적으로 우리가 인식하고 있는 통일 전 서독 국민들의 단합된 국민적 통일에 대한 열망, 낙후된 동독 체제를 경제적으로 지원했던 서독의 경제적 역량에 대한 고찰, 그리고 국제정치 구도에서 미국의 외교력이 미치는 분단 극복 과정에서의 깊이와 넓이에 대한 새로운 인식 등일 것이다.

그리고 마지막으로 세 번째는 해방 이후 대한민국 경제 번영의 토대가 되어 온 한미동맹에 대한 객관적인 인식과, 전작권 전환 과정에서 나오고 있는 미래지향적인 한미동맹 구조를 우리가 어떻게 만들어 낼까 하는가에 대한 총체적인 고민일 것이다.

작년에 이명박 대통령이 미국을 방문하면서 미국 정부의 한반도에 대한 적극적인 이해와 협력 의사를 확인한 것은 매우 큰 우리 정부의 소득인 것이다.

거기에다, 국제 무대에서 중국의 급부상으로 새롭게 재편되고 있는 국제 질서의 틈바구니에서 중국공산당(CCP)을 상대로 대한민국이 어떻게 바람직한 통일에 대한 비전을 제시하고 통일 한국이 결코 중국의 안보적, 경제적 이익에 반하지 않는다는 확신을 심어 주는 문제가 있을 것이다.

2011년 한미정상회담에서 확인된 다원적인 한미 전략동맹으로의 발전에 대한 한미 간의 긴밀한 공조는 역으로 중국공산당에게는 많은 자극을 주는 요인으로 작용할 것이다. 더군다나 미국이 아시아태평양 지역에 대한 확고한 전략 고수를 표방한 마당에 중국은 더 긴장하면서 한미동맹을 주시할 것이다.

최근의 김정은 체제의 공고화 현상에서 신냉전적인 한반도의 불안정성은 더 증폭되고 있는 현실을 우리가 알아야 할 것이다. 겉으로는 평화와 번영을 같이 입에 담지만 지금 이 순간에도 중국과 러시아가 군함 25척을 동원하여 대대적인 서해 훈련을 하면서 미국을 군사적으로 견제하는 국제정치의 본질을 알아야 할 것이다.

이와 같은 주요 변수들에 대한 점검과 진지한 방향 모색을 통하여 한반도에서 일어날 수 있는 급변 사태에 대한 준비를 우리가 더 철저하고 종합적으로 할 수가 있을 것이다.

무엇보다도 지금 우리 사회 내에서 매우 심각한 사회적 균열 현상을 합리적으로 치유하고 국가 통합을 이루는 방향성을 가진 국민의 사랑을 받는 정치 세력이 나와야 산적한 우리 사회 내의 문제들을 풀 수가 있을 것이다. 남남갈등 문제를 방치하고 정파의 이익과 지역 이익에만 국한되는 언행으로 나라의 백년대계를 설계하는 일을 늦춘다면 우리 후손들이 많은 문제들로 큰 고통을 당할 것이다.

따라서 감성적인 민족주의보다는 냉철한 이성주의로 우리 민족의 문제를 보고 접근하는 보다 성숙된 민주 시민의식이 그 어느 때보다도 요구되는 시점인 것이다.

외세배격 논리에 기대어 반미만 외치는 것이 국익에 어떤 영향을 주는지에 대한 국민들의 공감대가 제대로 형성되었는지 보아야 할 것이고 결국 우리 사회 내의 반미종북 세력들이 존재하는 정당한 근거를 제공해 온 잘못된 기득권 층의 부패에 기반한 비민주적 행태와 정통성이 부족한 권력 행사에 대한 보완장치를 어떻게 마련해야 할지 고민해야 하는 절박한 시점이기도 한 것이다.

연장선상에서 대한민국의 건국 정신과 헌법 정신을 존중하고 지켜야 한다는 건전한 국가관과 역사관을 교육을 통해서 젊은이들이 잘 갖출 수 있도록 우리 사회의 모든 계층이 총동원되어 노력을 해야 할 것이다.

또 다른 문제는 반미 정서를 어떻게 극복하는가 하는 과제다. 과거 일부 정권의 감정적 반미 노선이 국내 종북 노선을 강화시켜서 반대 한민국 정서를 확대시키는 부정적 역할을 한 측면도 있다. 과거 부산 미문화원 점거 사건, 노근리 양민학살 사건, 효순·미선 사건 등을 정치적으로 지나치게 확대 해석하는 국내 일부 정파의 오류도 국민들이 잘 알아야 한다.

　미국이 주도하는 국제질서에 대한 혐오감을 작금의 국내 경제문제와 연계하여 새로운 반미의 흐름으로 몰고 갈 수도 있기에 이에 대한 현명한 정부의 대처도 필요하다.

　최근의 'Occupy Wall Street' 라는 구호로 전 세계로 퍼지고 있는 탐욕과 부패로 물들고 있는 카지노 자본주의를 개혁하라는 시위가 대한민국에서는 반미 정서로 연결될 가능성이 농후한 시점에 오직 자유시장만이 지속 가능한 경제 번영을 가져올 수 있을 것이라는 미국식 자유시장 자본주의에 대한 반감이 새로운 반미의 유형으로 갈 수도 있음을 우리가 모두 유념해야 한다. 자유시장과 국가를 묶은 하이브리드형 자본주의 모델로서 한국이 평가받고 있는 현실을 적절히 잘 설명해서 극단적인 정서를 극복하는 토대로 삼아야 할 것이다.

　또한 한미동맹에 대한 객관적인 고찰이 그 어느 때보다도 필요하다. 2009년 6월에 이명박 대통령과 미국의 오바마 대통령 사이에 'Joint Vision for the Alliance of the ROK and the US' 를 발표하면서 전략동맹을 확인하고 한반도의 공고한 평화구축, 자유민주주의와 시장경제에 입각한 평화통일을 지지한다는 새로운 한반도 통합 개념이 정리되었다. 이 Joint Vision에는 녹색성장, 우주협력, 청정에너지, 테러리즘, 대량살상무기, 기후변화와 전염병 등까지 공동으로 협력한다는 포괄적이고 역동적, 호혜적인 동맹 관계를 확인하면서 향후 동맹의 지향점을 잘 정리하였다.

우리 국민들은 우리보다 더 안정되고 선진화된 국가들인 일본과 영국, 독일에 왜 미군이 주둔하고 있는지에 대한 객관적인 인식이 필요하다. 북핵 문제의 난망과 중국의 군사 대국화 움직임으로 동북아의 불안정한 정세를 우리 정부가 어떻게 대처할 것인지에 대한 고민에서 지렛대로서의 한미동맹 주한 미군의 재편을 둘러싼 '급진 재편론'과 '현상 유지론' 사이에서 조금 더 수평적 관계로 조정하는 지혜는 필요하지만, 주한 미군의 전략이 약화되는 방향성은 옳지가 않다. 불가하다면 전작권 전환을 계기로 주한 미군의 유연성을 높이는 방향으로 한미동맹이 재조정되어 지역안보 동반자 개념을 강화하고 남북한 통일 과정에서의 미국의 확대된 역할을 우리가 잘 활용해야 우리의 안보 이익을 가장 잘 지킬 수가 있을 것이다.

통일 이후에도 굳건한 한미 공조는 안보 이익 차원의 문제이지 순수한 주권의 문제만은 아님을 알아야 한다. 한미동맹의 상징인 전시작전통제권의 이양 시기를 최대한 늦추어야 한다는 애국 세력들의 의견을 더 들을 필요도 있어 보인다. 한미연합사(CFC)를 해체함으로 미국의 입장에서는 전략적 유연성(Strategic Flexibility)을 강화하고 한반도 방위 부담을 축소한다지만, 아시아태평양 지역에서의 미국의 국익을 위해선 당분간 갖고 가는 것이 더 타당함을 지속적으로 설득할 필요도 있어 보인다.

한국에 대한 무기 판매, 반미 감정의 차단, 중동 문제에 더 전념하는 등의 부수적인 이익을 가질 수는 있으나 중국의 급부상을 실체로 보고 동북아 군사전략을 다시 짜는 지혜가 필요한 것이다. 지속적인 협의의 틀로 활용하여 한미동맹의 영역을 동북아와 아시아로 점차 확대하는 전술적인 접근이 요구됨을 우리가 잘 알아야 한다.

이러한 차원에서 또 다른 한미동맹의 한 축인 한미자유무역협정(KOR-US FTA)은 매우 중요한 안보 토대가 될 것이다. 강화되고 있는 미국의 보호주의 파고를 넘으려면 한미자유무역협정을 조기에 정착시켜야 할 것이다.

국익을 생각한 통 큰 정치를 위한 여야의 대승적인 협력 자세가 긴요한 시점이다. 동북아시아와 세계무역협정에 수준 높은 기준을 만들 원원전략으로 한미동맹의 굳건한 승리가 되는 이정표이기도 한 것이다. 미 상하 양원이 신속하게 한미자유무역협정을 비준한 것은 미국이 한국에 대한 전략적 중요성을 크게 인정하고 있음을 보아야 할 뿐만 아니라 정치군사 중심이던 양국 동맹이 경제로 확대되고 깊어지는 중요한 계기를 제공할 것이다.

중국을 상대로 한 적극적인 통일 외교의 전개도 매우 긴요한 과제다. 국내의 친북좌파 세력을 비롯한 한미자유무역협정을 반대하는 세력들이 통일 문제를 비현실적인 과도한 비용이 추산되는 통계상의 문제로 호도하는 것을 경계해야 한다. 순수한 민족 주권의 문제로만 접근하는 자세가 큰 걸림돌인 것이다. 4대강 사업 반대, 한미 FTA를 반대하는 연장선상에서 합리적인 통일 논의도 감성적인 민족자존의 문제로 귀결시켜 현실적인 접근을 차단하는 의도를 알아야 합리적인 접근이 가능할 것이다.

한미 FTA 발효 방해 세력들이 제주 해군기지 건설 같은 군사안보 국책사업까지 집요하게 발목을 잡는 현실이 우리 국론 분열의 근원지인 것이다. 미국 대통령의 북한에 대한 인식에서도 중동과 아랍의 민주주의 확산이 안 되는 지역의 특수성을 알고 있는 것이 다행이다.

대한민국은 적극적인 통일 의지를 갖고 구체적인 통일 준비에 나서야 할 시점인 것이다. 각국의 이해관계를 조정해 통일을 위한 기반을 다지는 적극적이고 전략적인 통일 외교를 펴야 우리의 미래가 열릴 것이다. 과거 서독이 4강 대국을 설득하는 논리와 방법을 적극적으로 벤치마킹해야 한다. 특정국의 반대를 지나치게 크게 의식하는 소극적인 자세에서 탈피해야 미래가 열릴 것이다.

한반도에서 지금의 냉전 구조를 계속 끼고 가는 것보다는 통일된 한반도가 중국의 장기적인 국익에 더 도움이 됨을 지속적으로 설득을 해야 할 것이다.

순망치한(脣亡齒寒)의 관계로 구도를 고착화시켜 북한을 작은 형제로 끌고 가던 모택동을 비롯한 혁명 세대의 냉전적 안보관을 중국이 버려야 중국도 동북아의 균형자 역할을 할 것이다. 미래지향적인 방향으로 잘 녹여낼 새로운 동아시아 전략을 동아시아 집단안보 체제 구상을 염두해 두고 다시 짜야 한다.

중국공산당 젊은 지도자 그룹 중 해외 유학으로 실용적인 사고로 무장한 차세대 중국 지도층을 상대로 적극적인 통일 외교를 전개해서 길을 열어 가면, 자유민주주의가 주도하는 시장경제가 확산되는 한반도의 통일이 중국의 동북3성과 러시아 극동의 시베리아 일부를 묶은 거대한 경제권의 형성으로 향후 10년간 혹은 20년간 중국의 차기 경제성장 목표인 지속적인 10%대 성장을 유지하는 큰 축으로 기능함을 설득해야 한다.

중국공산당의 가장 큰 두려움인 미국의 군사적 패권이 압록강 변으로 확대되어 중국의 안보 이익이 저해되는 상황을 합리적으로 녹여내는 유럽안보협력(CSCE, OSCE)에서 벤치마킹하는 집단안보 체제의 가능성 및 안정적 세력 균형 정착에 대한 비전을 한반도 주변의 강국들이 공유해야 할 것이다.

통일된 한반도가 결코 미국 일방주의적인 동북아시아 지역 질서 재편으로 연결되지 않고 중국의 군사·경제 이익도 점진적으로 녹여내어 오히려 중국이 장기적으로 경제 발전에만 전념하는 안정적 집단안보 구도를 만들어 줄 수도 있음을 우리가 끈질기게 설득해야 할 것이다.

2013. 5. 1

중원을 날며

하나라 은나라 주나라
춘추전국시대 진나라 한나라
서한 신 동한 삼국 위촉오
위진남북조
수 당 오대십국
북송 남송
원나라 명나라 청나라
중화민국 중화인민공화국
모택동 그리고 등소평 1978
북경올림픽 2008 그리고 2012
7세기의 1800KM 경항운하
만리장성의 불가사의
부자묘와 2만의 수험생
입신양명을 쫓아
고달픈 무지개를 그리다
그 꿈을 뒤로하며
10억 명의 주검들이
저 하늘로 날아가고
오늘 2012년도
다시 13억의 후손들이

돈과 권력 명예를 쫓고 있으니
정의는 소수의 전유물이 되었네
어제가 오늘이고
오늘이 어제구나
중산 선생의 신해혁명의 불기운이
아직도 이 중원에 타오르니
진시황 분서갱유의 폭력도
오래전에 산화하고 안개처럼 흩어지니
그 누가 이 중원의 용트림을 막으랴
남경 회현 상해 이창 북경을 가로질러
삼협댐의 협곡을 굽어보니
그 누가 이 역사를 역사의 삶이라 안 하더냐
대역사가 이뤄지는 중원의 땅에서
당대의 황건적이 일어나고
청대의 의화단의 숨결 소리가 숨 쉬니
의와 정의만이 살길이라던
그 역사의 혼들은 어디에 있었던고
그 혼을 뒤로하고
수많은 주검과 살상으로
이 중원을 피로 물들었구나

6.25 때 인민해방군 100만이 한반도로
꽹과리 소리로 진격하더니
수백만의 살상만 일궈 내니
지금 분단의 협곡이 새로이 돋아나서
아직도 분단의 질곡의 아픔이구나
대중화가 소중화로 통하더니
혼으로 혼으로 수천 년을 가로질러
오늘도 대륙 세력과 해양 세력의
갈등 구조를 이기지 못하고
가쁜 혼령의 소리들만 들리누나
러시아 중국 북한의 대륙 세력
미국 일본 한국의 해양 세력이
보이지 않는 협곡을 이루어
지구촌의 숨소리가 거칠구나
이젠 더 큰 지구촌 정신으로 담아내어
어어라 지도자 선생님들
이제는 민생 민권의 정신을
저 동토의 땅 북한으로 보내세
진정한 평화공동체 한반도에 일궈 내어
사람 사는 세상 한번 만들자구

떵호와 떵호와 얼씨구절씨구
우리 모두 덩실덩실 한마음으로
보다듬고 어우러져 노래하며
미국 사람 러소 사람 아랍 사람
다 한 정신으로 품어 내어
공자의 인의예지를 거울 삼아
좋은 세상 한번 만들자구
두리둥실 함께 얼싸 덩실 춤을 추며
사람답게 사는 지구촌 만들어 보세
이 동아시아부터 한반도를 돌며
진정한 평화 세상 한 번 만들어 보세

2012. 4. 29
—중국 출장 중 상해에서 이창으로 가는 항공기 내에서.

만남

여러 만남 중에서도
먼 과거와의 만남은
귀중한 배움의 만남이지요
수천 년을 거슬러 올라가
옛 정신을 만나는 것도
당대의 하찮은 만남보다
더 큰 감동을 주지요
정신이 살아나는
그 흔적을 찾아
정숙하게 만나는 것은
당대의 그 어떤 만남보다
곱절 귀한 보배지요.

2012. 4. 28

북한 정권을 국제사법재판소에 제소하라

Geoffrey Nice and William Schabas는 International Herald Tribune 지 7면에 4월 26일자로 소개된 그들의 공동 칼럼(Put North Korea on trial)에서 북한의 잔인한 인권 탄압 사례를 국제사회에서 법직으로 다루어야 한다는 주장을 하고 있다. 특히나 현재의 UN의 북한인권특별담당관인 Maruzuki Darusman 씨는 북한의 열악한 인권 상황을 자세하게 소개하고 있고 모든 분야에서 북한 주민들의 권리가 탄압받고 있음을 강조하고 있다.

여러 소스들을 통해서 북한에 대한 보도들이 여기저기 많이 나와서 국제사회는 북한에 대해서 분노하지만 왜 UN이 적절한 조치를 취할 수는 없는 것인가라는 질문을 근본적으로 던지고 있다.

특히나 2003년도에 Davis Hawk 씨에 의해서 만들어진 보고서인 The Hidden Gulag은 북한의 긴장감이 감도는 정치범수용소에 대한 위성사진을 보여 주면서 이 문제의 심각성을 일깨워 준 적도 있는 것이다. 그래서 비록 북한 독재 정권을 당장에 사법적 시험대에 세우지는 못할지라도 적절한 절차를 통해 이러한 사법적 절차를 시작하는 것은 지난 발칸반도, 르완다, 캄보디아 등의 국제사회 개입 사례에서처럼 북한 정권을 심리적으로 크게 압박하는 효과가 있을 것이다.

현재 전 세계적으로 UN을 중심으로 40개 이상의 단체들이 북한의 열악한 인권 상황을 개선하라는 압력을 가하는 연합체로서 구성되어 있다. 앞으로 국제사회의 이러한 단체들이 북한의 인권 문제를 어떻게 다룰지 지켜볼이다.

2012. 4. 26

꽃길

빗소리는 질투의 소리
꽃 냄새에 시샘하는 빗소리
사람 냄새로 번잡하던 길
그 꽃길에 사람 소리 접어들고
빗소리만 요란하네
비에 젖은 그 꽃길은
내 마음을 담아내고
저만치서 더 오라 손짓하네

무척 아름다운 그 길 위
인적이 뜸해진 그 빗길에
세상 내음 사라지고
산새 소리만 무성하네
그 구슬프고 가련한 새소리만.

2012. 4. 21

역사의 혹독한 시련기를
망각하는 국민이 되서는 안 된다
— 몽고의 고려 침입 시 대비가 없었던 역사적 상황은 큰 교훈

　최근에 국내 공중파의 한 사극이 왜 우리가 안보를 더 중시해야 하는지를 암시하는 것 같아서 유심히 보고 있다.
　주말에 방영되는 〈무신〉이라는 사극은 고려조 무신 정권의 태동기와 성장기인 최충헌·최우로 이어지는 무신 정권기의 국제정치 구도의 핵인 몽고의 원나라가 일어서는 정국에서 나라의 안보가 얼마나 허술하게 취급되었는지를 반증하는 좋은 역사적 교훈이 된다.
　지난 주말 방영에서도 당쟁과 권력투쟁에만 몰두하는 고려 고종 시의 훈구 대신들과 무신들이 국가의 안위와 백성들의 삶을 도외시하다가 종국에는 나라의 위기가 도래하니 갈팡질팡하면서 많은 백성들과 병사들을 죽음으로 몰고 가는 아픈 역사의 한 장면을 보는 것이다.
　중원의 강자로 자리를 굳혀 가는 몽고군의 아시아 지역에서의 새로운 패권 질서 형성은 그 당시에도 여지없이 한반도에도 많은 군사적 긴장 관계를 조장하면서 동북아시아의 권력 조정기를 만들어 낸다.

고려 무신 정권 초기에 약 40년간 반복되는 전쟁의 폐허 속에서 얼마나 많은 백성들이 살육되고 병사들이 전장에서 적의 칼과 화살에 의해 살해되었는지를 우리가 지금도 반면교사로 삼아야 한다.

이러한 단편적인 사례에서 보아도, 지금도 우리 사회 일각에서 계속되는 제주 해군기지 건설 반대 논리는 환경 사상에 기초한 자연보호에 대한 정당성에도 불구하고, 그 설득력이 매우 크지 않음을 우리가 알 수 있다. 국제정치 구도가 도덕과 정의로써 설득되고 이루어져 온 역사라면 어찌 우리는 일제 치하에서 36년간 피눈물 나는 삶을 살아야 했고, 6.25라는 내전으로 수백만의 인명을 살상하면서 동족간의 아픔을 그대로 용인해야 했던가?

물론 우리는 앞으로 꾸준히 그러한 도덕과 정의의 세계 질서가 도래하는 새로운 문명을 창조하는 데에 많은 노력을 해야 한다.

그리 지루하게 끌던 2차대전이 5천만 명의 전장에서의 죽음을 뒤로하고 미국이 일본에 투하한 원자탄 두 발로 모든 것이 종결되고 새로운 세계 질서를 여는 단초가 되었던 사실을 다각적인 차원에서 새겨야 할 것이다. 이렇게 역사가 다급하게 전개되는 와중에서 정의와 도덕성만을 무기로 이야기로 설득한다고 역사의 부정의가 멈추고 편견과 억압이 수그러 들었던가? 물론, 이것이 우리 인류 문명의 한계이기도 하지만 말이다. 역사의 변혁기에 바른 사상과 힘이 전제되지 않는 구호나 외침은 항상 큰 시련을 잉태해 온 것이 우리의 역사다.

우리가 지킬 힘이 없으면서 우리가 말로만 이야기하는 평화와 인권은 그저 상징적인 것일 뿐 이를 우리가 구체화된 형상으로 누릴 기본 자격도 없는 것이고 그러한 것을 신장할 수 있는 토대도 없어지는 것이다. 더군다나 그러한 추상적인 구호가 국가적인 안보 이익에 반하면 그것은 큰 문제인 것이다.

지금도 미중(美中) 간의 군사적 긴장감이 현실로 한반도 주변에서 드리워지고 있는 현실을 애써서 외면하고 있는 사람들은 무슨 생각을 하는 것인가? 군인이 아니라도 이 나라의 국민이라면 지금 한반도 주변에서 중국과 러시아가 군함 25척을 동원하여 칭다오 부근에서 대대적인 서해 훈련을 하는 저의를 잘 알 것이다.

이는 명백하게 동북아에서 미국의 군사적 패권을 견제하는 훈련으로 대한민국의 경제적 번영의 토대가 된 한미동맹을 겨냥하고 있음도 보아야 한다. 국제정치에 대한 기본적인 패러다임에 대한 충분한 이해가 결여된 상태에서 반미 노선만을 중심으로 제주도 강정마을 해군기지 건설을 반대하는 사람들의 진짜 속내가 참으로 궁금한 것이다. 우리가 우리를 스스로 방어할 힘이 없어서 참으로 굴욕적인 삶을 강요당했던 우리의 아픈 역사를 또 잊고 있단 말인가?

2012. 4. 23

| 주요 이력 |

성명 박태우(朴泰宇)

생년월일 1963. 05. 17

학력

1979. 03~1982. 02 대전고등학교 졸업

1982. 03~1984. 01 고려대학교 중퇴

1987. 03~1991. 02 한국외국어대학교 졸업

1991. 03~1993. 08 경희대 평화복지대학원 석사과정 졸업(정치학 석사)

1993. 09~1996. 07 영국 UNIV OF HULL 박사과정 졸업(정치학 박사)

경력

2011. 09~   (現) 고려대학교 지속발전연구소 연구교수

2011. 05~   (現) GCS International(UN 경제사회이사회 특별자문 NGO) 국제협력위원회 위원장

2011~   (現) 한국정치학회 이사(대외협력 · 특임)

2009. 09~   (現) 고려대학교 국제학부 강사/국제대학원 강사

2007. 04~   (現) 주한동티모르명예영사관 명예영사

2005. 09~   (現) 대만국립정치대학 외교학과/국제대학 방문교수/ 방문학자

2005. 04~	(現) 박태우 푸른정치연구소 소장
2012. 10~2012. 12	새누리당 중앙선대위 특보단 대외협력특보
2011. 06~2013. 07	한국수자원공사 기획조정실 비상임 이사
2010. 01~2010. 12	고려대학교 아세아문제연구소 대만연구센터 객원연구위원
2010~2011	한국세계지역학회 부회장
2010~2011	한국지방정치학회 부회장
2009. 12~2013. 06	민주평화통일자문회의 정치남북대화위 상임위원
2009. 09~2012. 06	경희대학교 국제학부/교양학부 강사
2008. 05~2009. 05	한국정치외교사학회 무임소 상임이사
2007. 10~2008. 08	한나라당 대선중앙선대위/한나라당 대변인실 부대변인
2007. 09~2007. 12	대전 자운대 육군대학 유럽안보통합론 강의
2007~2009	경남대학교 극동문제연구소 초빙연구위원
2007~2011	다국적투자컨설팅회사 The Doran Capital Partners 사외고문
2007~2007. 12	한나라당 17대 대통령선거 중앙선대위 상근 부대변인
2007~2007. 12	한나라당 이명박 예비 후보 경선대책위원회 정책특별보좌역
2006~2007	이명박 대선 후보 정책포럼 2020팀 외교안보팀장
2006~2006. 05	5.31 지방선거 대전 중구청장 무소속 후보 출마
2006~2006. 05	국민중심당(PEP) 중앙당 외교통상위원장
2005~	민주태평양연맹 한국지부 사무총장
2005. 04~2011. 08	프런티어타임즈 논설위원
2004~2005	대만국립정치대학 외교학과/국제문제연구소 방문교수 및 방문학자
2004~2004. 12	새천년민주당 4.15총선 경기 고양 일산갑(현 일산동구) 국회의원 후보

2000. 05. 30	외교통상부 외무사무관 (의원면직) - 의원면직
2000. 05~2004. 02	국회사무처 이인제 의원실 보좌관
1999. 08. 30	외교통상부 통상교섭본부 국제경제국 경제협력과 외무사무관 (직급 명칭변경)
1999. 08. 11	외교통상부 통상교섭본부 국제경제국 경제협력과 행정사무관 (전보(일반))
1999. 05. 24	외교통상부 통상교섭본부 국제경제국 개발협력과 행정사무관 (전보(일반))
1998. 10. 02	아시아·유럽정상회의 무역·투자담당팀 행정사무관 (정규 공무원 임용)
1998. 03. 17	외교통상부 아시아·유럽 정상회의 무역·투자담당팀 행정사무관 (전보(일반))
1998. 02. 28	외교통상부 행정사무관 (전보(일반))
1998~2000	외교통상부 통상교섭본부 다자통상국, 국제경제국 경제동상외무관
1997. 10. 02	통상산업부 아중동통상담당관실 행정사무관 (특별채용)
1997. 10~1998. 02	통상산업부 통상협력국 통상전문가 (통상전문가 사무관 특채)
1996~1996. 12	국회사무처 통일외교통상위원회 정책보좌관
1996~	중부대, 외국어대, 숙명여대, 덕성여대, 국민대, 한남대, 충남대, 명지대, 서강대, 동국대 학부, 대학원, 박사과정 시간강사/겸임교수 및 초빙교수
1992~1993	영국 Hull대학 Asia-Pacific Research Forum (정치학 박사 연구과정 연구단체 모임) 회장
1989~1990	한국외국어대 통역협회 회장 국민통합전국시도민연합회 중앙회 공동대표

	대전광역시 중앙시민회 부회장
1989~1990	동아일보, 서울신문, 국민일보 등 주요 일간지 및 인터넷 매체에 한반도 및 국제관계를 주제로 600여 편 이상의 글을 기고해 옴
	사단법인 대전사랑문화협회 해외위원장
	새고양로타리 회원 (수십 차례 국제봉사프로젝트 실무협상자)
	여의도연구소 외교안보 정책자문위원
	외대 통역협회 회장, 부회장
	외국어대, 숙명여대, 덕성여대, 국민대 정외과강사
	월간조선 전문가 칼럼 '박태우 신부국강병론' 고정 칼럼니스트
	인터넷 종합영자신문 The Seoul Times 고정 칼럼니스트
	중앙일보영자지 The JoongAng Daily 영문 칼럼니스트
	한국문인협회, 국제펜클럽 한국본부 정회원
	한국정치학회, 한국국제정치학회, 한국유럽학회 이사 및 감사
	한나라당 중앙위 소식지 〈미디어 팝〉 편집위원
	한나라당 중앙위/중앙선대위 사이버대책위원회 운영위원
	한나라당 중앙위원회/중앙선대위 국방안보위 부위원장
	한반도 및 국제관계를 주제로 한 세미나에 백여 차례 발표자 및 토론자로 참여

주요 저서

그동안 출간된 저자의 주요 저서는 15권이 있으며 그 외 다수의 문학작품(시)과 연구논문 등이 있다.

〈유로통상연구회 공저〉
EU의 통상정책과 법
2000. 07 율곡출판사

〈유로통상연구회 공저〉
Asia—Europe Meeting(ASEM)
2002. 04 앰애드

〈제5시집〉
저 하늘 높이
날아가는 새처럼
2003. 11 도서출판 문예

〈제2시집〉
내가 당신을 부르겠소이다
2002. 03 도서출판 사임당

〈제3시집〉
그대들이 날 부르기에
2002. 10 도서출판 문예

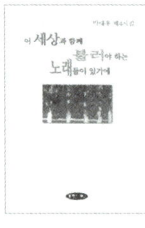

〈제4시집〉
이 세상과 함께 불러야 하는
노래들이 있기에
2003. 05 연인M&B

〈제5시집〉
저 하늘 높이
날아가는 새처럼
2003. 11 도서출판 문예

〈제6시집〉
아름다운 사람들 속에서
2004. 06 연인M&B

〈제5시집〉
저 하늘 높이
날아가는 새처럼
2003. 11 도서출판 문예

〈칼럼집〉
다시 새벽이 오기에
2006. 04 연인M&B

〈칼럼집〉
신(新)부국강병론
2007.07 연인M&B

〈제7시집〉
하늘을 향해 입을 벌린 사람
2009. 05 연인M&B

〈칼럼집〉
정치, 詩를 만나 춤추다
2010.05 연인M&B

〈e-book〉
글로벌 시민윤리
2011. 09 i-ePub

〈영문 칼럼 e-book〉
Searching for True Patriotism
2012. 03 i-ePub

〈칼럼집〉
통일된 한반도를 향해한다
2013. 11 연인M&B

연구 논문

2013	논문 한국정치개혁의 근본적 실천과제- 학술위원장으로 발표 (한국의회학회)
2007	「생활정치실천방안」에 대한 연구 (국회사무처 용영과제 책임연구원으로 수행)
1996	The Political Economy of Regionalism and Globalization and An Analysis of its Impact upon South Korea-European Union Trade (영국 헐대학교 정치학과 박사논문)
1995	U.S. Security Interests on the Northeast Asia and Its Implications for the Security of Taiwan and South Korea (대만국립정치대학 국제관계연구소 연구물)
1993	China's Open Door Policy and Its Implications for South Korea's Trade with China (경희대 평화복지대학원 석사논문)

기타

2010	'중병이 든 대한민국을 진단한 북한의 연평도 도발사건' 제하의 칼럼 기고 (Korea Policy vol.3 월간조선)
2009	"Prospects of Inter-Korean Relations with much focus on North Korea's Brinkmanship under President Lee Administration" 논문 발표 (한미우호협회/동아일보 연례학술대회)

상훈

1990. 05	전국대학생영어웅변 및 토론대회 대상 경희대 평화복지 대학원/The Korea Times
1999. 10	전국영어웅변대회 장려상 주한 호주대사관 The Korea Herald
200. 11	재향군인회장 감사패 및 부상(안보의식 고취 공로) 대한민국재향군인회 한국문화예술신인상, 한국문화예술상 수상 포스트모던 주관

Korean politics in dilemma over South-South conflict

It is a pity that our society is split into two ideological circles, especially regarding North Korea. This so-called South-South conflict continuously produces negative social and political results hindering sound political development in Korea.

Furthermore, it is shameful that some pro-North Korea factions in South Korea do not accept the legitimacy of the foundation of the Republic of Korea, claiming instead that the Pyongyang government is a more legitimate power on the peninsula.

They do not criticize all the wrongdoings such as the launching of the Korean War by North Korea in 1950, a torpedo attack on the naval ship Cheonan by North Korea, and the Yeonpyeong Island shelling, and all the brutal acts of repression and oppression against ordinary North Korean citizens by a despotic totalitarian dynastic dictatorship.

North Korea recently delivered very bad news. They announced a unilateral postponement of family reunions which was slated for late last month.

The North's Committee for the Peaceful Reunification of the Fatherland mentioned the "unbearable aggressiveness of the conservative forces" in the South as the major reason for its decision to postpone the reunions.

They also criticized Seoul for conducting an investigation of Lee Seok-ki, a lawmaker of the minor leftist opposition Unified Progressive Party (UPP) who is suspected of plotting to subvert the government.

These political strategies toward South Korea paradoxically indicate that the North Korean spy agency, which deals with South Korean affairs, and the pro-North Korea forces in our society are united to deliver a fatal blow to the stability of our society, always trying to create the schism to divide our people.

North Korea also defined the ongoing investigations of Rep. Lee and other members of the UPP as a witch-hunt to suppress the patriotic forces in South Korea.

Given these kinds of deeds and words made by North Korea, it must be an avoidance of sacred responsibility to protect our security and also Koreans from the wicked maneuvering of North Korean political intervention in South Korean politics to destabilize the South, if our government and people keep silent on this issue.

Some young progressives ask this kind of question: Why does the ruling camp push ahead with the disbandment of the UPP and try to strip some UPP lawmakers of their National Assembly seat?

In a motion signed by all of its 153 legislators, the conservative ruling Saenuri Party said, "If Rep. Lee maintains his Assembly seat until the court's final ruling, it will highly likely lead to further leaks of state secrets and confusion in the normal functioning of the state."

I agree with the party's official position.

We understand that the Saenuri Party's intention seems to be depriving the pro-North Korea legislator of his Assembly seat through a political trial, not waiting until the slow judiciary procedure is over.

Rep. Lee 's words and deeds allegedly preparing for the sabotage of major facilities when another inter-Korean war breaks out, may be more than enough to strip Lee of his seat.

In the same context, the organization to do such kinds of activities should be disbanded to eradicate all the sources of further treason in the future. Judging from the past harmful activities of the UPP, it must be disbanded immediately.

More members of the conservative party are even calling for the dissolution of the UPP, saying even if it succeeds to expel Lee, another follower of North Korea will succeed his Assembly seat. To distinguish the sound progressive from the pro-North Korea old left, this kind of outdated political party (UPP), I hope, must be disbanded as soon as possible.

We have to carefully analyze whether all the progressive politicians and civic groups, including even some of UPP members, are followers of North Korea or not, who believe in the anachronistic revolutionary theory such as Juche Ideology like Rep. Lee.

Most progressives endeavor to support the working poor and other weaker strata and underdogs of society for the progress of humankind and history. It is important to differentiate reasonable progressive groups from members of the old-left who respect the failed regime in the northern half of the peninsula.

I personally think that the UPP's reaction and denial is not based upon truth and reasonable argument. They must admit that they do not love the constitutional order of the Republic of Korea and its political orientation allied to the U.S. Instead, they should accept the simple fact that they support the North Korean regime.

In the official party ceremonies, they did not sing a national anthem (Aegukga), instead, they used to sing revolutionary songs such as "Red Flag," which is strong evidence.

Lee and his colleagues cannot and should not justify what is called pro-North Korea activities and a plot against the government. I am very sorry that they are not admitting the sins they committed to harm the interests of the Republic of Korea in general.

There is no need to utter other reasons. They must be faithful to the constitutional order and law of this country for they are a political party regulated by the political law here. I do think that they must fully cooperate with the legal procedures of the ongoing investigations in the future.

As long as the peninsula remains divided, the negative political development manipulated by North Korea to divide the public with the different spectrum of different ideologies, and small regionalism of small politics, would never disappear on this soil.

Thus, it is my desire that the false progressives must be controlled within the legal boundaries. Like the two wings of a bird, balanced harmony and confrontation of the sound right and sound left could be a necessity for the sound development of South Korean politics in the future.

Prof. Park Tae-woo researching at the Institute of Sustainable Development in Korea University is currently president of the Institute of Blue Politics and Economy. He has also lectured Korean politics in National Chengchi University in the Republic of China as a visiting professor and visiting scholar. Contact him at t517@naver.com.

2013. 10. 07 The Korea Times

Wartime operational control (OPCON) transfer should be delayed further

A recent government move to seek another delay of the wartime operational control (OPCON) transfer beyond the agreed time schedule of 2015 has caused a heated debate over the issue.

Personally, I am in favor of another delay, until after all the North Korean missile and nuclear threats are cleared and our defense posture is ready to deter possible military attacks from the communist state.

Public opinion, however, is focused on whether the Ministry of National Defense has done all it can to meet the 2015 deadline. Ministry officials have responded that due to budget shortages, military reinforcement plans cannot be translated into action before the scheduled transfer. In the same vein, the public has not paid enough attention to the issue. A bold defense upgrade action plan to better equip the military and take full control of its troops was also derailed, to a certain degree, during the Lee Myung-bak administration.

The government should be honest to the public by admitting that it is not yet fully ready to meet the deadline to gain wartime control from the U.S. military, due to a lack of preparation. We Koreans should know this. This is not an issue that should be dealt with among a few government officials.

However, there are some advocates for the early transfer.

It has been 63 years since we surrendered wartime OPCON to the U.S. at the start of the 1950-53 Korean War. Back then, it was understandable because our military capacity was meager. Now, our national defense budget is twice North Korea's national output.

The question is often raised in public debate: "Why do you think we should not yet regain what is our sovereign right to control our forces in times of war?" Another argument is that OPCON transition is to "normalize what is abnormal," and dubbed the Park Geun-hye administration's top priority, but which seemingly prefers postponement of the transfer. Some take issue with the North's nuclear ambitions, arguing that because it will always be an issue, such a mindset only further ensures that we will never be able to regain wartime OPCON indefinitely.

But I still agree with another delay of the operation control transfer, in that we are not ready to fill the security vacuum after disbanding the Combined Forces Command (CFC). This seems more so after the North's third atomic test in February. In response, the U.N. has imposed stringent sanctions, which have prompted North Korea to ratchet up war threats against South Korea and the U.S.

We need more time to build readiness and effectively deter missile attacks from North Korea. I think this argument is persuasive in view of North Korea's nuclear and missile threats.

Under the current plan, the United States is scheduled to hand over the control of Korean troops back to the Korean government in the event of a war by December 2015. This timetable was delayed once from the original deadline of 2012. The Defense Ministry confirmed that the two countries have had discussions about the issue.

In a brief statement, the ministry said it had proposed to the U.S. to check on the two countries' readiness for the 2015 transfer to reflect the changing security environment, including the more serious nuclear threats by North Korea.

Amid the continuing verbal attacks this spring, Seoul is known to have requested consultation on the OPCON change schedule with Washington.

Concerns about the transfer grew after the North issued increasingly serious war threats. In March, the North threatened to invalidate the armistice agreement and issued orders to its rocket and artillery units to remain combat-ready. The North also conducted a third nuclear test and successfully launched a long-range missile earlier this year.

Considering all these factors, I do support a further delay in OPCON transfer.

Prof. Park Tae-woo, currently researching at the Institute of Sustainable Development, Korea University, teaches international politics, peace and war at the university's Graduate School of International Studies. He also serves as honorary consul of East Timor in Korea and visiting scholar at the College of International Affairs, National Chenchi University, the Republic of China. Contact him at t517@naver.com.

2013. 08. 20 The Korea Times